U0951139

高校科技政策体系建设及其实效分析

——以山西省为例

GAOXIAO KEJI ZHENGCE TIXI JIANSHE
JIQI SHIXIAO FENXI

吴俊清　张克军　朱　红◎著

知识产权出版社
全国百佳图书出版单位

内容提要

本书主要研究内容包括：高校科技政策的导向；山西省高校科技政策环境及其协同性；山西省高校科技人才政策的制定；山西省高校科技奖励政策的制定；山西省高校绩效工资政策的制定；山西省高校科技成果转化政策的制定；山西省高校科技政策体系实效调查；山西省高校科技政策体系建设措施。

责任编辑：蔡　虹

图书在版编目（CIP）数据

高校科技政策体系建设及其实效分析：以山西省为例/吴俊清，张克军，朱红著.
—北京：知识产权出版社，2014.3

ISBN 978-7-5130-2451-8

Ⅰ.①高…　Ⅱ.①吴…　②张…　③朱…　Ⅲ.①高等学校—科技政策—政策体系—研究—山西省　Ⅳ.①G644

中国版本图书馆CIP数据核字（2013）第278438号

高校科技政策体系建设及其实效分析

——以山西省为例

GAOXIAO KEJI ZHENGCE TIXI JIANSHE JIQI SHIXIAO FENXI

——YI SHANXISHENG WEILI

吴俊清　张克军　朱　红　著

出版发行：知识产权出版社有限责任公司

社　址：北京市海淀区马甸南村1号	邮　编：100088
网　址：http://www.ipph.cn	邮　箱：bjb@cnipr.com
发行电话：010-82000893	传　真：010-82000860
责编电话：010-82000860转8324	责编邮箱：caihong@cnipr.com
印　刷：北京中献拓方科技发展有限公司	经　销：新华书店及相关销售网点
开　本：787mm×1092mm　1/16	印　张：14.75
版　次：2014年3月第1版	印　次：2014年3月第1次印刷
字　数：240千字	定　价：45.00元

ISBN 978-7-5130-2451-8

出版权专有　侵权必究

如有印装质量问题，本社负责调换。

目录

1 前言 …… 1
1.1 选题的意义与目标 …… 1
1.1.1 选题的意义 …… 1
1.1.2 选题的目标 …… 3
1.2 国内外科技政策现状 …… 3
1.2.1 国外科技政策现状 …… 3
1.2.2 国内科技政策现状 …… 9
1.3 研究内容与研究思路 …… 10
1.3.1 研究思路 …… 10
1.3.2 研究内容 …… 11
1.4 研究方法 …… 14
1.4.1 调查方法 …… 14
1.4.2 案例分析方法 …… 14
1.4.3 协同分析法 …… 15
1.5 研究新意 …… 15

2 高校科技政策体系及其导向 …… 16
2.1 高校科技政策体系构成的影响因素 …… 16
2.1.1 基于证据的三因素 …… 16
2.1.2 基于属性的四因素 …… 17
2.1.3 基于创新过程的影响因素 …… 17
2.1.4 美国三因素 …… 19
2.1.5 基于工具的影响因素 …… 20

2.2 高校科技政策发展现状 …… 21
2.2.1 国内高校科技政策现状 …… 21
2.2.2 国内高校科技政策总结 …… 23
2.3 高校科技政策导向 …… 23
2.3.1 早期的科技导向 …… 23
2.3.2 目前的科技导向 …… 26
2.3.3 实践感知的科技导向问题 …… 29
2.4 高校科技政策体系 …… 31
2.4.1 基于时间序列的我国促进科技发展政策体系 …… 31
2.4.2 基于关键词的我国促进科技发展政策体系 …… 36
2.4.3 山西省促进科技发展政策体系 …… 43
2.4.4 山西省高校科技政策的构成 …… 49

3 山西省高校科技政策环境及其协同 …… 52
3.1 山西省科技政策与国家科技政策的协同性 …… 52
3.2 山西省工科院校科技政策与政府科技政策的协同性 …… 61
3.2.1 山西省工科院校链接科技政策情况 …… 61
3.2.2 山西省工科院校自制科技政策情况 …… 68
3.2.3 山西省工科院校政府科技政策链接情况 …… 69
3.3 山西省工科院校科技政策协同的实效 …… 76
3.3.1 基于工程技术研究中心的实效 …… 76
3.3.2 基于实验室建设的实效 …… 93

4 山西省高校科技人才政策的制定 …… 113
4.1 高校人才政策制定的重要性 …… 113
4.2 山西省高校人才政策 …… 114
4.2.1 人才支持计划政策 …… 114
4.2.2 人文社会科学重点基地建设政策 …… 120
4.3 优秀人才计划建设实效 …… 127
4.3.1 高等学校优秀创新团队建设实效 …… 127

4.3.2 拔尖人才计划实效 …… 129
4.3.3 优秀青年学术带头人计划实效 …… 131
4.4 人文社会科学基地建设实效 …… 133
4.4.1 人文社会科学基地评估标准 …… 133
4.4.2 建设期满的人文重点基地 …… 137
4.4.3 山西大学人文社科基地建设实效 …… 138

5 山西省高校科技奖励政策的制定 …… 143
5.1 科技奖励相关因素 …… 143
5.1.1 科技投入及其政策 …… 143
5.1.2 科技论文奖励的争议 …… 144
5.1.3 科技奖励的趋势 …… 146
5.2 山西省高校论著奖励政策分析 …… 147
5.2.1 论文奖励政策分析 …… 147
5.2.2 著作奖励政策分析 …… 149
5.3 山西省高校项目奖励政策分析 …… 150
5.4 山西省高校报奖奖励政策分析 …… 152
5.5 山西省高校知识产权及成果转化奖励政策分析 …… 153
5.6 山西省高校团队建设奖励政策分析 …… 154
5.6.1 基地建设奖励政策分析 …… 154
5.6.2 创新团队奖励政策分析 …… 155

6 山西省高校绩效工资政策的制定 …… 156
6.1 高校绩效工资现状 …… 156
6.1.1 高校绩效工资概述 …… 156
6.1.2 国外高校绩效工资现状 …… 157
6.1.3 中国高校绩效工资现状 …… 160
6.2 山西省高校绩效工资现状分析 …… 163
6.2.1 指导思想与岗位设置 …… 163
6.2.2 岗位津贴标准 …… 165

6.2.3 教授岗位基本要求 …… 169
6.2.4 副教授岗位基本要求 …… 183
6.3 基于契约的高校教师绩效评价 …… 194
6.3.1 基于契约的意义 …… 194
6.3.2 基于契约的原因 …… 195

7 山西省高校科技成果转化政策的制定 …… 196
7.1 大学科技成果转化现状 …… 196
7.2 太原科技大学科技成果转化政策 …… 198
7.2.1 对科研成果转化为本科教材内容奖励的规定 …… 198
7.2.2 太原科技大学产学研董事会章程 …… 199
7.3 中北大学科技园 …… 202
7.3.1 中北大学科技园简介 …… 202
7.3.2 中北大学科技园入驻企业 …… 204

8 山西省高校科技政策体系实效调查 …… 207
8.1 总体调查 …… 207
8.1.1 问卷设计与调查 …… 207
8.1.2 问卷调查结果分析 …… 208
8.1.3 结论 …… 214
8.2 绩效工资改革实效调查 …… 215
8.2.1 问卷设计与调查 …… 215
8.2.2 问卷调查结果分析 …… 216
8.2.3 结论 …… 220

9 山西省高校科技政策体系建设措施研究 …… 223
9.1 基于契约的高校教师绩效评价原则 …… 223
9.2 具体措施 …… 224

参考文献 …… 226

1 前 言

1.1 选题的意义与目标

1.1.1 选题的意义

早在1977年，邓小平同志就对科技、教育作了一系列重要论述，特别是对高等学校的科技工作作了充分肯定：“高等院校，特别是重点高等院校，应当是科研的一个重要方面军。”还认为，大学基本上就是研究机构，而且特别强调：“重点大学既是办教育的中心，又是办科研的中心。”

经过十多年的实践与探索，各高等学校大多找到了各自的位置，一批重点大学朝着“两个中心”方向发展，形成了一批国家级科研基地。更多的大学逐渐形成了自己的专业特色和科研方向，为地区和行业发展提供了人才和技术支持。据统计，1985年到1998年，高等学校共完成专著68893部，发表学术论文2157285篇，其数量占同一时期全国总量的60%左右。1979—1998年，高等学校共获国家自然科学奖289项，国家发明奖939项，国家科技进步奖1827项，分别占全国获奖总数的50.44%、32.5%、20.2%。仅1991—1992年，全国高校总计签订科技成果56816项，签订技术转让合同31749个，成交金额28.35亿元，成果转化率达到56%，这期间高校还出让专利技术成果2626项，成交金额2.84亿元[1]，极大地支持了国民经济建设的发展。数据显示，早在20世纪末，高校已经成为我国科学研究的集聚地。

政治策略即政策，是政府为达成既定政治目标所采取的一系列强制、规

[1] 吴天松，文亚峰，夏银燕．促进高校发展的科技政策及管理办法研究［J］．科研管理，2002（5）．

范和引导行为❶。

科技政策是历史的产出物，是一个国家或政党在特定的历史时期，基于某种政治、经济以及社会目的，而在科学技术领域所采取的相关行动、指导方针及行为准则，在这些方针、准则的基础上，针对科学技术制定的法律、战略、规划、措施、条例等所形成的体系❷。

科技政策实质是科学政策和技术政策的集合。科学政策常被认为是由国家、地区或者部门在一定时期内为实现特定目标而制定的、在科学技术领域实行的规范指导准则，以及相关法律法规、规划纲要、条例措施、意见通知等组成的策略体系❸。科学政策通过各项投入、研发激励、成果产出或者转化扶持等行为对科技活动进行规范和引导。技术政策是国家或技术管理部门为了设立和发展某一技术领域而发布的有关技术领域发展方向和构成的指导性政策以及调节和控制技术发展的调控性政策的集合❹。

我国高校集聚了大量的具有高学历和高职称的科技人力资源，本应该为社会经济发展作出巨大的贡献，发挥重要的作用，然而目前的现状是，产学研结合的调子喊得比较高，政策也鼓励，实效却不明显。究其原因，可能是政策出了问题，也可能是政策执行出了问题，但是关键因素，应该从高校自身建设上寻找。

基于此，本项目选择研究山西省高校科技政策体系建设及其实效分析，通过确定高校科技政策体系的内涵，分析山西省高校科技人才政策、科技资金政策（包括投入政策和融资政策）、科技管理政策（包括奖励政策、知识产权政策和鼓励国际合作与交流的政策）、科技成果转化政策（包括产业政策、大学科技园政策和产学研结合政策）的制定及其实效，以及山西高校科技政策与政府和企业科技政策的协同力度，从而提出山西省高校科技政策体系建设的建议，为提高高校科技竞争力提供决策性依据。

山西省有本科院校 20 个，其中老八所院校 8 个，新建本科院校 12 个。

---

❶ 刘斌，王春富，刘家顺，等．政策科学研究（第 1 卷）［M］．北京：人民出版社，2000.

❷ 成良斌．论科技政策的本质和目的［J］．科技管理研究，2002（4）：1-5.

❸ 孙玉涛，刘凤朝．我国科技政策向创新政策演变的过程、趋势与建议——基于我国 289 项创新政策的实证分析［J］．中国软科学，2007（5）：34-42.

❹ 国家科学技术委员会．中国科学技术政策指南［M］．北京：科学技术文献出版社，1998.

无论是从资金、校舍、人员、设备、科研项目来看，还是从其他方面来看，政府对高校的投入都是有一定数量的。有投入就有产出，特别是科技投入，如果不能带来一定的产出，投入就是一种浪费。本项目的研究，从高校科技政策体系建设入手，分析高校科技政策带来的实效，并提出建设性建议，为高校科技政策的制定和执行提供决策依据。

从科技管理工作来看，山西省高校目前推行的科技政策模式大体可以分为几种：一是导向高质量的论著和项目，如国家级项目和一级论文；二是从纵向课题导向横向课题，关注科研经费，关注产学研结合，关注服务地方经济；三是根据职称实施一刀切的管理模式。本项目的研究，试图从科技政策体系建设入手，通过分析科技政策执行的实效，明确哪一种管理模式更为有效。

1.1.2 选题的目标

本项目的研究成果，将为山西省各个高校科技政策的制定、执行和完善提供决策依据，特别是对山西省大学科技园的建设提供决策依据。

总体目标包括：山西省高校科技政策体系建设是否完善？还需要解决什么问题？分析山西省高校科技政策执行是否落实到位？实效如何？从而为山西省高校科技政策体系建设提出可行的决策依据，以保障山西省高校科技工作朝向政府支持和鼓励的方向健康发展。

1.2 国内外科技政策现状

1.2.1 国外科技政策现状

张永凯和陈润羊[1]（2013 年）认为世界科技强国科技政策的趋同趋势如下。

（1）普遍重视科技投入

世界科技强国在崛起过程中都普遍重视科技投入，尤其注重 R&D 投入，

[1] 张永凯，陈润羊．世界科技强国科技政策的趋同趋势及我国的应对策略［J］．科技进步与对策，2013（2）．

并促使企业成为研发投入的主体。在知识经济时代，各国都深刻地认识到科技创新是推动经济发展的持久动力，只有依靠对 R&D 的持续投入，才能使科技快速进步。以 2007—2009 年全球主要国家国内 R&D 投入规模与强度为例，2007 年美国的 R&D 投入为 3627.13 亿美元，约占当年 GDP 的 2.62%，至 2009 年国内 R&D 投入增至 3834.77 亿美元；2007 年日本的 R&D 投入为 1428.57 亿美元，约占当年 GDP 的 3.33%，至 2009 年国内 R&D 投入增至 1445.76 亿美元；2007 年德国 R&D 投入为 705.31 亿美元，约占当年 GDP 的 2.51%，至 2009 年国内 R&D 投入增至 721.63 亿美元。另外，法国、韩国、英国、俄罗斯和印度的国内 R&D 规模也很大。虽然瑞典、芬兰和以色列的国内 R&D 投入规模偏小，但其 R&D 投入占 GDP 的比重却很高。（见表 1-1）

表 1-1　2007—2009 年主要国家的国内 R&D 投入规模与强度

国　家	GDP 2007 年	R & D/GDP	R & DPPP 2007 年	R & DPPP 2008 年	R & DPPP 2009 年
	（亿美元）	2007（%）	（亿美元）	（亿美元）	（亿美元）
美　国	138440	2.62	3627.13	3768.64	3834.77
日　本	42900	3.33	1428.57	1438.57	1445.76
德　国	28100	2.51	705.31	718.11	721.63
法　国	20470	2.12	433.96	437.36	438.20
韩　国	12010	2.98	357.90	372.50	385.61
英　国	21370	1.78	380.39	384.12	383.77
俄罗斯	20800	1.08	225.50	241.27	254.56
印　度	29890	0.69	206.20	225.75	241.36
瑞　典	3350	3.82	127.97	129.50	131.41
芬　兰	1850	3.45	63.83	65.55	66.59
以色列	1860	4.48	83.33	86.91	89.15

数据来源：Battelle、R&D、Magazine、OECD、IMF。

注：PPP（Purchasing power parity）表示按照购买力平价法计算。

(2) 积极引进海外科技人才

当今世界，人才是第一科技资源。目前，国家级的竞争关键是科技的竞争，科技竞争的关键是人才的竞争。历史经验表明，世界强国在崛起过程中，不仅高度重视本国的人才培养，也十分重视从世界范围内吸引和抢夺优秀人才。截至2005年，全球大约有30个国家制定了方便高技能人才入境的政策或计划，其中有一半以上是发达国家。相对于大多数发展中国家而言，美国、德国、英国和法国等发达国家的人才战略与政策非常值得称赞，它们都开通了人才凭借才能、技能和投资获得签证、绿卡和随后入籍的渠道，甚至还许可这些来自外国的人才保留双重国籍。

美国作为当今世界的科技超级大国，海外人才在其崛起过程中功不可没。“二战”以前，德国获得诺贝尔奖的科学家总数是美国的3倍，但经过半个多世纪的发展，全世界自然科学领域的诺贝尔奖得主已有40%来自美国，超过70%的被美国聘用。美国凭借良好的工作环境、优厚的工资待遇、宽松的移民政策以及不分民族、无种族歧视，吸引了一批来自欧洲、非洲、亚洲、加拿大等国家和地区的优秀科技人才，迅速改变了世界科技人才的格局。“二战”以后，美国能在原子弹、氢弹和火箭等现代化武器的研制、“阿波罗登月计划”的成功实施以及电子计算机的诞生、应用等领域保持世界先进水平，国外科学家起关键作用。随着美国1952年、1965年和1990年移民法的出台，其技术移民政策更为合理和完善。1995—2005年，在所有美国开办的工程和科技公司中，有25%的创办人来自美国境外，在投身科学和工程行业的人口中，外来移民占67%。时至今日，美国大学中有37%的博士学位获得者为非美国居民。

(3) 大力推进国际科技合作

目前，世界各国都已意识到科技全球化潮流势不可当。通过对美国、日本和俄罗斯等国科技政策演变的回顾可以发现，广泛开展国际科技合作是各国科技政策趋同的一个重要表现。欧盟是开展国际科技合作的典型组织，在欧盟内部，各成员国也有自己的国际科技合作计划。例如，英国2006年10月发布了《英国研究与发展国际合作战略》，首次提出英国国际科技合作的四大目标和七大战略建议，并确定了包括中国和印度在内的重点科技合作国家；爱尔兰在2006年6月实施的《科学技术与创新战略》中提出："将更多资金投入到国际合作研究中，吸引国际上更多的科技型企业进行高质量投资，创造更多高质量和高报酬的就业机会"。芬兰科技政策委员会2003年出台的《知识、创新和国际化》报告指出：通过国际化的竞争与合作，芬兰可以提高研究质量、减少重复的知识生产，将现有资源整合以实现重要目标。韩国的长期科技发展计划——《2025构想》强调，要充分利用国际资源，提高自身科技实力，克服本国自然资源的限制，利用全球技术、人类资源和信息，发展与国际社会的合作。

（4）高度重视官产学研结合

科学技术的有效性最终要通过其应用价值体现出来。美国、日本和欧盟等国一直都非常重视官产学研结合，而美国是产学研合作创新立法最为完善的国家。1980年实施的《斯蒂文斯-韦德勒技术创新法案》和同年国会通过的《贝赫-多尔法案》，是美国产学研合作史上最具里程碑意义的两项立法。美国联邦政府以高校为依托组建了多学科的工程研究中心，以提高大学的自主创新能力，帮助工业界提高其在市场上的竞争能力，并逐步形成"科研-教育-生产"三位一体的新型研发体系。长期以来，日本也十分重视产学研的有机结合，并于1995年11月发布了《科学技术基本法》，这是日本第一部有关科学技术的根本大法，是支撑日本科学技术体系的基本法律。该法规定了日本在发展科学技术方面的基本国策和大政方针，要求增强产学研合作，推进基础研究、应用研究和开发研究的协调发展。另外，日本于1998年制定了《大学技术转移促进法》，支持大学成立科技中介机构，促进大学及国立研究机构技术成果向企业转移；2002年制定了《产学官合作促进税制》，在税收上为产学官合作项目提供优惠，同年又出台了《知识产权基本法》，明确了国家、地方公共团体、大学和企事业单位的职责。

刘永林等❶（2013年）总结了美日韩等国科技政策演变的特点如下：

（1）完善科技立法，制定科技发展计划

美国20世纪80年代开始的科技立法活动，使得美国在后续几年建立

❶ 刘永林，傅正华，刘泽政．美日韩三国科技政策的演变及对我国的启示［J］．科技管理研究，2013（2）：32-33.

了完善的科技法律体系，为美国实施科技发展计划，实现科技发展战略提供了尤为重要的保障机制。科技发展计划方面以曼哈顿工程和新信息高速公路计划最为著名，还有许多能源开发和太空发展计划等。日本也通过科技立法来确定国家的科技发展战略，制定科技发展计划为本国科技发展设计发展道路，如《科学技术基本法》、《科学技术基本计划》、《关于国家研究开发评价的大纲性指南》、《技术士法》，以及关于“特定放射光设施”、“生命伦理”的法律[1]。韩国从1962年实施第一个经济五年计划，成功实现了30多年的经济持续高速发展，从当初世界上最贫穷落后的农业国之一，一跃而进入新兴工业国家的行列[2]。韩国通过颁布实施《科学技术振兴法》《科学技术基本法》等科技基本法，制定《第一次科学技术文化昌盛五年（2003-2007年）计划》、《迈向2025年的科学技术发展长期计划》来保障韩国国家科技战略的实现[3]。

（2）政府介入科学研究，加大科技投入

政府介入国家科学研究的意义在于能够为科学研究创造良好的外围环境和提供政策资金支持，还能通过行政力量鼓励中小企业积极参与科学技术的基础研究，扩大技术创新主体范围，提高技术创能力。

美日韩在实现科技复兴的过程中，本国政府都积极介入科学技术的研究，在政府的引导和推动下实施各种科技计划和科技振兴措施。美国研发活动无论是投入方面还是产出方面都持续平稳增长。

美国研发投入总量基本保持稳定增长。二十多年来R&D（研究与开发）投入占GDP的比重一直维持在2.5%左右，变化不大。到2006年达到3400亿美元，扣除通货膨胀因素影响，2002年至2006年美国R&D投入年均增长2.5%[4]。

日本在60年代的科研投入为GDP总量的2%左右，目前，日本科研经费在国内生产总值中所占的比例为世界最高。据日本总务省2008年公布的统计数据，2006年日本科研经费占GDP的3.62%，美国占2.59%（2004年），英国

[1] 黄荣光．日本的科学技术法制体系简述［J］．科学文化评论，2010（3）：46-63.
[2] 张东明．韩国产业政策研究［M］．北京：经济日报出版社，2002.
[3] 余维运．韩国科普政策体系及其演变［J］．才智，2010（13）：27-30.
[4] 张华胜等．美国政府科技政策及其对经济的影响［J］．中国科技论坛，2009（3）：7-10.

占1.78%（2005年），德国占2.48%（2005年），法国占2.13%（2005），而中国2005年的科研经费仅占GDP的1.34%[1]。

韩国在《2025年构想》中确定了其科研投入的指标，1998年是占GDP总量的2.69%，2005年是3.0%，2015年是3.5%，2025年达到4.0%，科研投入指标持续增加。

（3）加强科技人才的引进和培养

在人才引进方面，美国通过技术移民，工作签证和学生与交换签证等渠道，招纳世界范围内的技术型人才。在人才培养方面，日本政府制定了“职业训练基本计划”，为社会人员的职业训练提供保障机制。2004年日本文部科学省作出了《以社会角度培养科学技术人才》决议，推出日本在人秀培育上加强青年学者的培育资金，必须吸引国际优秀的人才[2]。由于经济的快速发展，韩国政府还适时地改变了其人才培养政策的重点。如20世纪60年代主要培养轻工业人才；70年代主要培养发展重工业与化学工业所需的高级技术人才；80年代主要培养尖端产业技术集约化所需的高级科技人才；90年代则培养了能够研究和开发新技术的具有竞争力的高科技人才[3]。

（4）重视产学研结合，确立企业创新主体地位

美国政府在20世纪90年代，对科技战略进行改革与调整，使政府对国家创新体系的管理从分散型向综合管理型转变；使公共研发机构走向自主；使“官产学研”互动创新体系走向成熟，即一个国家的政府、企业、大学和公共科研机构在技术创新和产业进步上的相互结合与良好互动[4]。

（5）着重发展高新技术，取得该技术领域的领先地位

美国“二战”时期的计算机、原子能等军事科学技术的研究与开发；克林顿时期的信息高速公路的建设；布什政府新一轮的军事科研和太空探索计划和奥巴马推出的能源开发计划与生物生命科学领域的探索，这些领域都是

---

[1] 日本总务省统计局，历年《科学技术研究调查》，http：//www. state. gov. jp/data/kagaku/2007/index. htm.

[2] 董娟．日本科技人才培养政策与企业实践［J］．中国资源开发，2008（9）：12-16.

[3] 吴莲姬．韩国人才培养政策及管理体制研究［J］．当代韩国，2004（3）：87-92.

[4] 李春花．韩国“技术立国”阶段性调整与连续性特征［J］．社会科学辑刊，2009（2）：62-65.

当时技术最先进的领域，在这些领域里美国都走在了世界的前列，也为美国经济发展作出了巨大贡献。

韩国的电子产业由于多年的发展，其产品已经占据了大部分国际市场，在电子领域占据重要地位。亚洲金融危机后，韩国制定了新的科技发展规划，选择信息技术、材料科学、环境科学等重点领域作为韩国未来的主要科技发展方向[1]。

日本在第二期的《科技基本计划》，走的是重点化战略。集中有限的人力、物力、财力进行科技开发。其中重点领域方面是重点发展领域：生命科学、信息通信、环境技术、纳米和新材料技术。在划定重点的同时还特别强调要把纳米材料技术、生物纳米技术、生物信息技术、系统生物学等当作重中之重[2]。

1.2.2 国内科技政策现状

张楠、林绍福和孟庆国（2010 年）研究了在中国政府门户网站（www. gov. on）上公布的，2006—2008 年间出台的《国家中长期科学和技术发展规划纲要（2006—2020 年）》配套政策，共 74 项，对应《发展纲要》的分类，包括科技投入、税收激励、金融支持、政府采购、知识产权、统筹协调、教育科普、人才队伍建设、基地与平台建设、引进消化吸收再创新等 11 类，涉及科技部、财政部、发改委等多个政府部门[3]。

张笑[4]（2009 年）分析了长株潭两型社会科技政策体系的构建，认为存在科技政策的针对性不明、政策体系的协调度不够、价值取向不清等问题，并针对这些问题提出了三个解决方案。首先是加强整体设计，提高科技政策体系的适用性、合法性、科学性。其次是精心组织，提高政策体系的协调度。最后是转变观念，明晰政策主体的价值导向性。

作为长三角区域的重要城市，常州市科技创新政策体系经过 20 多年的发

---

[1] 牛盼强，谢富纪．韩国建设创新型国家的特色及其对我国的启示［J］．科技管理研究，2009（1）：118-120.

[2] 胡春等．日本特殊的科技演变［J］．商场现代化，2009（4）：394-395.

[3] 张楠等．现行科技政策体系与 ICT 自主创新企业反馈研究［J］．中国软科学，2010（3）：24-26.

[4] 张笑．长株潭两型社会科技政策体系的构建研究［D］．湖南大学硕士学位论文，2009：1.

展，其演变历程经历了雏形建立阶段（1984—1988 年），初步发展阶段（1989—1991 年）、调整与体系化阶段（1992—2000 年）和发展完善阶段（2001 年至今），并呈现出政策数量由少变多、政策对象由窄到宽、政策手段由单一到体系、政策目标由松散到形成自上而下的系统、政策方案不断趋向科学和合理的五大特征❶。

沈旺、张旭和李贺（2013 年）❷ 认为，科技政策工具主要包括科技计划和战略规划、科技财政政策、金融科技政策、人力资本存量、知识产权保护、其他支撑性制度。科技战略规划是科技发展和产业政策制定的总体方针；科技计划是技术发展趋势，指导产业内部发展；科技财政政策与科技计划和战略政策导向一致，政府对科技直接投入，配合产业政策工具推动新兴产业发展；科技税收政策促进产业技术研发，配合产业政策推动产业持续发展；科技金融政策推进产业研发深化，加强成果转化，配合产业政策，提升产业发展水平。

1.3 研究内容与研究思路

1.3.1 研究思路

本项目选择研究山西省高校科技政策体系建设及其实效分析，通过确定高校科技政策体系的内涵，分析山西省高校科技人才政策、科技资金政策（包括投入政策和融资政策）、科技管理政策（包括奖励政策、知识产权政策和鼓励国际合作与交流的政策）、科技成果转化政策（包括产业政策、大学科技园政策和产学研结合政策）的制定及其实效，以及山西高校科技政策与政府和企业科技政策的协同力度，从而提出山西省高校科技政策体系建设的建议，为提高高校科技竞争力提供决策性依据。（见图 1-1）

❶ 米慧蓉．长三角城市科技创新政策体系的演变历程——以常州市为例［J］．价值工程，2011（5）：1.

❷ 沈旺等．科技政策与产业政策比较分析及配套对策研究［J］．工业技术经济，2013（1）：127-128.

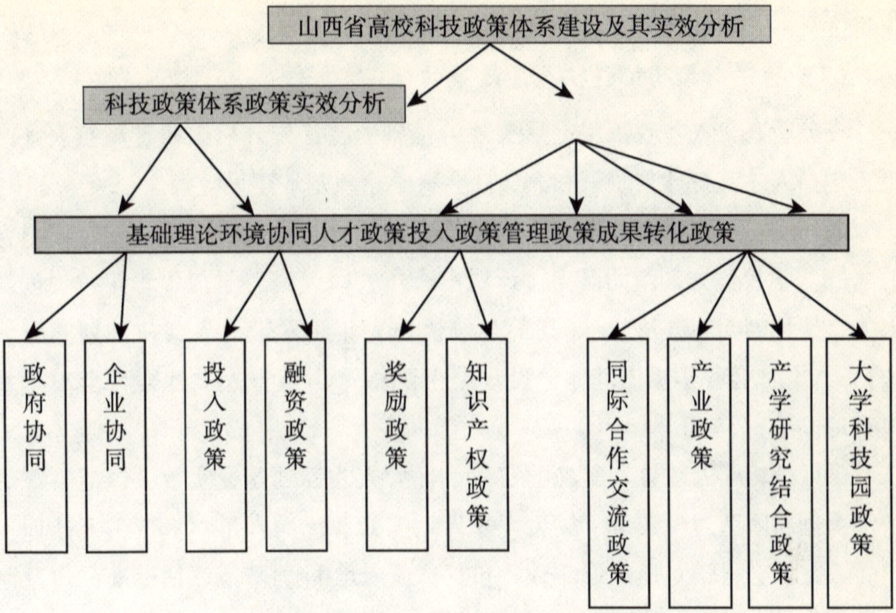

图1-1　山西省高校科技政策体系建设及其实效分析思路

1.3.2 研究内容

在具体研究的过程中，因为数据搜集的原因，把研究思路作了部分调整：

(1) 研究高校科技政策的导向

在分析高校科技政策体系构成影响因素的基础上，通过分析国内高校科技政策的现状，提出高校科技政策制定的导向，从而提出高校科技政策的构成体系。

(2) 研究山西省高校科技政策环境及其协同性

政策环境包括国家科技政策、山西省科技政策，因此，首先，研究山西省科技政策与国家科技政策的协同性。其次，研究山西省工科院校科技政策与政府科技政策的协同性，包括山西省工科院校链接科技政策情况、山西省工科院校自制科技政策情况、山西省工科院校政府科技政策链接情况。最后，研究山西省工科院校科技政策协同的实效，包括基于工程技术研究中心的实效、基于实验室建设的实效，从高校省级工程技术研究中心建立情况看山西工科院校在工程技术研究方面取得的实效。

(3) 研究山西高校科技人才政策的制定

在分析高校人才政策制定重要性的基础上，首先分析山西省高校人才政策，包括人才支持计划政策和人文社会科学重点基地建设政策。

人才支持计划政策的研究样本是优秀人才计划，包括山西省教育厅出台的《高等学校优秀创新团队支持计划实施办法》、《高等学校中青年拔尖创新人才支持计划实施办法》、《高等学校优秀青年学术带头人支持计划实施办法》。人文社会科学重点基地建设政策主要指《山西省人文社会科学重点基地管理办法》。

最后分析了人才计划实施的实效。优秀人才计划建设实效，包括高等学校优秀创新团队建设实效、拔尖人才计划实效、优秀青年学术带头人计划实效。人文社会科学基地建设实效，包括人文社会科学基地评估标准、建设期满的人文重点基地、山西大学人文社科基地建设实效。

在具体研究过程中，选择2010年优秀人才计划作为研究样本，主要原因在于2010年至2013年，团队建设已经有一定时间，已经能够取得一定的科研成绩。《高等学校人文社会科学重点研究基地管理办法》（晋教科[2012]6号）文件的有关规定，山西省教育厅将于2013年11月—12月对建设期满的省级人文社科重点研究基地进行评估。同时，山西省教育厅还出台了《山西省高等学校人文社会科学重点研究基地评估标准》2013年山西省教育厅即将评估的建设期满的省级人文社科重点研究基地有11个。这11个基地的依托高校为：山西大学、山西财经大学、山西师范大学、山西大同大学、运城学院。按照评估标准，本项目对这11个基地的实效作了分析。

(4) 山西高校科技奖励政策的制定

主要进行了科技奖励相关因素研究、山西省高校论著奖励政策分析、山西省高校项目奖励政策分析、山西省高校报奖奖励政策分析、山西省高校知识产权及成果转化奖励政策分析、山西省高校团队建设奖励政策分析。

山西省高校团队建设奖励政策分析，包括基地建设奖励政策分析、创新团队奖励政策分析。

由于论文奖励涉及了理工科和人文社会科学多学科，所以选择太原理工大学和太原科技大学这两所工科院校作为研究样本，分析山西省高校论著奖励政策。

(5) 山西高校绩效工资政策的制定

首先分析了高校绩效工资现状，包括高校绩效工资概述、国外高校绩效工资现状、中国高校绩效工资现状。其次，作了山西高校绩效工资现状分析，包括指导思想与岗位设置、岗位津贴标准、教授岗位基本要求、副教授岗位基本要求。最后作了基于契约的高校教师绩效评价，包括基于契约的意义、基于契约的原因。

(6) 山西高校科技成果转化政策的制定

在分析大学科技成果转化现状的基础上，对太原科技大学科技成果转化政策、中北大学科技园作了分析。

(7) 山西省高校科技政策体系实效调查

首先是总体调查。以山西省高校科技政策构成体系为依据，我们设计了关于高校科技政策制定及其实效的调查问卷，问卷共分23个问题，答案采用选择形式。其次是绩效工资改革实效调查。以山西省高校绩效工资改革方案为依据，我们设计了关于高校绩效工资改革及其实效的调查问卷，问卷共分17个问题，答案采用选择形式。

(8) 山西省高校科技政策体系建设措施研究

研究了基于契约的高校教师绩效评价原则和具体建设措施。具体措施包括：

第一，建立山西高校科技政策体系。

第二，从宏观方面制定政策，与政府科技政策具有一致性、与山西地方经济发展相一致，以对山西经济发展贡献为出发点，制定并落实政策。

第三，在结合高校自身学科建设和人才队伍的具体情况基础上，与国家高等教育中长期发展规划的导向相一致，做好科技政策的规划，关注实效，关注团队打造和学科带头人的培养，鼓励产业化、导向于鼓励服务地方经济。

第四，加强高校科技管理工作，打造好一个良好的科研氛围，构筑一个良好的学术文化氛围，并加大对科研的支持力度，指导部门和教师在学术规范约束下，从事科学研究活动。

第五，综合山西省各个高校的科研实力，争取政府和社会力量的投入，真正发挥大学科技园的作用，在产学研结合、产业化发展、服务地方经济方面取得实效，集产业、营销、品牌打造于一体。

第六，把去行政化落在实处，把教师的待遇放在第一位，从制度入手，让教授发挥作用，实现教授治学的效果。目前的科技政策制定者和实施者都是行政管理部门，教授处于被动接受的地位，教授不参与管理活动，就没有发言权，积极性就调动不起来。

1.4 研究方法

1.4.1 调查方法

（1）问卷调查

首先是总体调查。以山西省高校科技政策构成体系为依据，我们设计了关于高校科技政策制定及其实效的调查问卷，问卷共分 23 个问题，答案采用选择形式。其次是绩效工资改革实效调查。以山西省高校绩效工资改革方案为依据，我们设计了关于高校绩效工资改革及其实效的调查问卷，问卷共分 17 个问题，答案采用选择形式。

在问卷调查设计好以后，我们向 2013 年 5 月 4 日到 13 日期间举行的山西省高校教师资格认证评委作了调查，这些评委来自山西省各个本科院校，人数虽然不多，但是有一定的代表性。

（2）其他调研

我们在山西省各个高校网站上搜集了山西省具有代表性的高校的科技政策，又通过人际关系搜集了部分高校的绩效工资实施政策以及奖励政策，作为政策研究的依据。

1.4.2 案例分析方法

在山西高校科技成果转化政策研究中，以中北大学科技园为案例，分析中北大学科技政策对科技园发展的影响、实效及优劣势。以太原科技大学科技政策为案例，分析了山西省高校科技转化政策的制定情况。

在绩效工资政策、科技奖励政策分析当中，以太原理工大学、山西大学、太原科技大学为案例，作了比较研究。

在人才计划政策研究当中，以2010年人才计划实施的人才为案例。以2013年山西省教育厅即将评估的建设期满的11个省级人文社科重点研究基地为样本，对基地建设实效作了分析。

1.4.3 协同分析法

山西高校科技政策的制定，需要与山西省政府和山西省企业的支持和鼓励方向一致，协同力度大，才能服务于地方经济，才能用于政策的环境协同力度分析。

政策环境包括国家科技政策、山西省科技政策，因此，首先，研究山西省科技政策与国家科技政策的协同性。其次，研究山西省工科院校科技政策与政府科技政策的协同性。最后，研究山西省工科院校科技政策协同的实效，包括基于工程技术研究中心的实效、基于实验室建设的实效，从高校省级工程技术研究中心建立情况看山西工科院校在工程技术研究方面取得的实效。

1.5 研究新意

本项目的研究新意在于以下方面：

第一，案例分析方法的应用，用山西省高校科技政策的案例，分析山西省高校科技政策的实效。

第二，用科技成果、实验室建设等指标，表征山西省高校科技政策的实效。

第三，协同研究，研究国家科技政策、山西省科技政策与山西省高校科技政策的协同性。

2 高校科技政策体系及其导向

2.1 高校科技政策体系构成的影响因素

2.1.1 基于证据的三因素

基于证据的三因素是指基于证据的政策制定者（高级管理人员）、证据提供者（研究人员）、政策选择者（利益相关者）。

近20年来，一种被称作基于证据的方法被国外学界广泛关注，并由此出现一种新的政策制定模式——基于证据的政策（Evidence - Dased Policy, EBP）。在分析基于证据的方法之前，首先需要理清何谓证据以及证据的特点。所谓的证据，“在最宽泛的意义上说，它包括被用来决定和说明断言真理性的所有事情。给出或获得证据是使用那些事物的过程，它或者推测是真实的，或者通过证据证明自身去达到说明的真理性❶。”正是由于证据的这种硬性规定，科学结论或者法律结论等才具有权威性。

如何将证据应用于公共政策的制定过程之中，国外学者也做了不少探讨。在基于证据的政策的发展过程中，人们发现证据与政策的关系不再是一个简单的线性关系，证据对于政策已经从供给走向了需求❷。当证据从“供给”走向“需求”时，“需求”在进行决策的证据数据资料的发展和利用的整个过程中扮演了重要角色。围绕政策目标去寻找证据，比简单的“植入”证据更重要。相应地，应该培养决策者的知证意识，因为证据不会自行在决策过

---

❶ Evidence. ［DB/OL］. Http：//en. wikipedia. org/wiki/Evidence. 2012-02-13.

❷ Louise Shaxson（2009）, Michael Harrison, Molly Morgen. Developing an evidengce-based approach to environmental policy making：insights from Defra's Evidence & Innovation Strategy ［DB/OL］. Http：//www. sussex. ac. uk/ web team/ gateway/ file. php? name= sewp181 & site=25. 2012-02-13.

程中自发传播。决策者应该主动去寻找证据，而不是单向地被动接受。基于这样一些认识，Louise Shaxson（2009年）等人提出了一个支持基于证据决策的功能模型在这个基于证据的政策制定工作框架图之中，政策制定者（高级管理人员）、证据提供者（研究人员）、政策选择者（利益相关者）三方都与证据发生了密切的联系。在政策制定的整个过程中，从问题的确认到政策选择的提交，政策制定者与证据提供者紧密合作。证据包括现有证据和新证据。新证据的获得是以研究为基础的。在科技政策制定的过程中，这种产生新证据的研究往往还涉及具体的科学技术知识[1]。

2.1.2 基于属性的四因素

基于属性的四因素是指目标属性、评价属性、计量属性、功能属性。

张永安和李晨光[2]（2013年）从目标属性、评价属性、计量属性、功能属性4个方面归纳分类测度体系，共31个变量。

其中，目标属性测度为政策类型，是分类测度的作用目标。

评价属性是对政策一些基本性质的分级评价，由政策级别、发布机构、影响层级、受体范围组成。

计量属性是对政策对受体作用属性的量化，由强制程度、作用力度、资源供给、法规数量、项目数量、补贴额度、税费额度、受益周期、层级个数、资源种类、激励程度、持续效力、年龄、机构数量、人才数量组成。

功能属性是政策具备功能的描述，主要通过技术合作、国际交流、研发指导、政府采购、新产品、市场信息、人才引进、投资补助、税费优惠、资源和项目供给、规范引导反映出来。

2.1.3 基于创新过程的影响因素

为进一步提升科技政策制定的系统性和科学性，美国政府于2005年提出发展科技政策方法论（Science of Science Policy，SoSP）的倡议，将其作为一

[1] 张正严，李侠．“基于证据”——科技政策制定的新趋势［J］．科学管理研究，2013（1）：9-11．

[2] 张永安，李晨光．基于Wilks判别式分析的集群创新科技政策分类测度研究：以中关村为例［J］．情报杂志，2013（4）：194．

门新兴交叉学科发展，成为美国政府“基于证据的决策系统”的重要举措，并从微观、宏观和国家战略需求层面提出 SoSP 关注的十大问题。由于科技政策的制定依据涉及面很广，而美国提出的 SoSP 三个层面的研究主题只涉及科技政策依据的一部分，拟定的十个问题逻辑关系并不系统、清晰，同时有相当部分研究问题是基于美国国情的。

徐芳等❶（2013 年）从知识创新过程的视角，并结合美国科技政策方法论的十项研究问题，梳理出若干基于知识创新过程的科技政策方法论研究问题作为示例，归纳起 20 个影响科技政策制定的问题。其中，标星号的表示是美国科技政策方法论的研究问题。（见表 2-1）

表 2-1　20 个影响科技政策制定的问题

1	*科学发现是否能预测	11	卓越研究质量评估框架研究
2	*创新的行为学基础	12	*科学发现对于创新产生什么影响
3	知识扩散的网络模型研究	13	*如何理解技术开发、采纳和扩散
4	科学家合作关系展示	14	*科学和创新共同体是怎样形成和演变的
5	科技成果转化监测体系研究	15	*政府科技投入具有什么样的价值
6	*科学对于国家创新和竞争力将产生什么影响	16	*科技工作者的竞争力如何
7	科研机构规模收益研究	17	科技评价数据平台建设及可视化工具开发
8	*科技投入的效率和效益研究	18	*科技政策中不同政策工具的相对重要性如何
9	研究机构重大突破监测方法研究	19	研究团队的绩效评价
10	研究机构重点培育方向监测方法研究	20	科技成果转化影响因素分析

❶ 徐芳等．基于知识创新过程的科技政策方法论研究［J］．科学学研究，2013（4）：516.

2.1.4 美国三因素

这是基于企业、政府、人才三个影响因素的美国做法。

张孟军❶（2006 年）认为美国国家创新体系最突出的特点，就是千方百计让企业成为技术创新和产业化的主体，联邦政府除了保证适合科学研究的社会环境外，还注重利用政策来促进基础性科学研究中的创新。

（1）企业是技术创新的主体

首先，通过商业合同促进企业创新，美国建立起的一种独特的专利体制，使美国专利不但可以触及很广的领域，而且专利涵盖范围也比较宽，这就为美国企业技术创新提供了最基础的体制保证。

其次，采用税收激励政策。20 世纪 80 年代前，企业从事技术创新活动被认为是商业行为，应由企业自担风险。1986 年，美国制定了“国内税收法”，该法规定一切商业性公司和机构，如果其从事的研发活动的经费同以前相比有所增加，则该公司或机构即可获得相当于新增值 20％的退税。

（2）政府支撑基础科学创新

美国联邦政府一直是基础性科学研究的重要支持者，20 世纪 90 年代以来更为突出。整个 90 年代，美国政府的科研经费下降了 9％，但基础性科学研究的投入反而增加了 42％。每年在全世界重要期刊发表的论文中，美国科学家发表的论文占了 1/3，美国科学家在诺贝尔奖获奖者人数上也占据着绝对优势。

美国政府的税收激励政策，对企业界、高等院校以及各种非营利机构等支持基础性科学研究起了很大作用，美国内税法规定：无论是企业还是非营利机构或个人，如果捐给下列三种研究机构，都属于公益性慈善捐款，可以获得相应的减税待遇，这三种机构是：政府下属的基础性研究机构，教育机构，其中包括研究型大学以及独立的“公益性研究机构”。而基础性研究机构享受免税待遇，上述三类机构本身也都享受免税待遇。

❶ 张孟军．必须让企业成为技术创新主体讲实效、重人才的美国科技创新政策［J］．科技成果纵横，2006（1）：42.

（3）创新人才的培养和引进

在创新人才的培养方面，美国时兴选择一批大学建立工程研究中心，让不同学科的工程技术人才集中在一起，共同研发国家和产业面临的重大课题。政府各部门还设立各种特别培养高层次人才计划，如美国海军设立的“青年研究员计划”，美国家科学基金会设立的“总统青年研究奖”。

对于优秀技术人才来说，美国企业要做的是如何将他们引进和留住，主要通过三种方法，将全世界几百万的优秀人才吸引到美国来：首先，长期执行有效的移民政策，其次，灵活的“H-IB 签证计划”特别保证在美国获硕士以上学位的外国人能尽可能地拿到这类签证，签证有效期为 3 年，还可再延长 3 年，只要过了“市场的淘汰关”，就可以拿到绿卡。

此外，美国提倡尊重知识产权，科研环境不仅使科研人员容易出成果，一旦有了成果更容易被社会和市场接受。美国的股票市场成熟，法规齐备，练就了一大批冒险人士，因此风险资金也充足，这就保证了资金总是流向最富有创新的课题和项目。

2.1.5 基于工具的影响因素

科技政策工具主要包括科技计划和战略规划、科技财政政策、金融科技政策、人力资本存量、知识产权保护、其他支撑性制度❶。

一个国家只有根据自身的国情以及科技资源状况规划合理的科技战略，保证具有优势的高新技术优先发展，才能够使国家合理的投入战略资源，并科学的组织协调及实施，才能实现以科技政策、金融、税收和人才培养等政策导向为依托，明确优先发展领域，优化配置国家科技资源。科技财政政策与科技计划和战略政策导向一致，政府对科技直接投入，配合产业政策工具推动新兴产业发展。科技税收政策促进产业技术研发，配合产业政策推动产业持续发展，科技金融政策推进产业研发深化，加强成果转化，配合产业政策，提升产业发展水平。

---

❶ 沈旺，张旭，李贺．科技政策与产业政策比较分析及配套对策研究［J］．工业技术经济，2013（1）：129-130.

2.2 高校科技政策发展现状

2.2.1 国内高校科技政策现状

研究高校科技政策体系基础理论，明确高校科技政策体系构成是什么，包含什么内容。

陈霞玲[1]（2010年）借用经济学的概念，将美国高校科技政策分为供给性政策和需求性政策，发现美国促进高校科技发展的政策多属于需求性政策。这些政策被设计去发现和创造高校科技发展的机会；被设计去允许或鼓励私人投资者或高校科技成果的发明者把高校的科技成果商业化；被设计去搭建官产学研合作的桥梁。

陈霞玲[2]（2010年）通过对中美两国高校科技成果数量和高校专利申请授权数的比较，发现近年来我国高校科技成果辈出，其专利申请受理数和专利授权数已远远超过美国高校；但是我国高校的科技成果往往被束之高阁，无人问津。我国高校潜在的科技优势，并没有完全转化为现实的科技优势、市场价值和经济效益，高校科技成果的商业化是我国高校科技发展的瓶颈。

唐立山[3]（2006年）认为，地方高校科技创新政策环境的动态趋向主要表现在：

从科技创新政策的结构性上看，是一种交织型混合结构。与社会转型，各种体制改革的背景相一致，地方高校也处于新旧交织的历史发展中，在旧政策体系还没有完全隐退的情况下，新政策尚处于一种试行和观察后效阶段。因此，在科技创新政策的结构上，交织着新旧体制、上下级管理和多样化选题的混合状态，是一个不断向新体制转化过程。

从科技创新主体的政策取向上看，突出以人为本的科技理念。高等学校竞争与发展的实践证明：人才问题，特别是尖子人才对于创新的作用已引起

---

❶ 陈霞玲．科技政策比较研究——中美比较的视野［D］．天津工业大学硕士学位论文，2010.

❷ 陈霞玲．科技政策比较研究——中美比较的视野［D］．天津工业大学硕士学位论文，2010.

❸ 唐立山．地方高校科技创新政策环境的动态趋向［J］．吉林师范大学学报（自然科学版），2006（2）：104-106.

人们的高度重视，这不仅关系到科研水平的高低、创新能力的强弱，而且更影响到高校整体水平的提升。

从科技政策的导向上看，由撒芝麻、拉小网的小课题运作和科研小作坊模式向营造品牌科研项目转化，构筑学校整体性、战略性、根本性的转化。

从科技政策联动性来看，关注科技创新与社会环境各种要素变量之间的互动。

地方高校的时空特点决定了它属于一定区域内各创新主体在一定的创新环境下相互作用所形成的创新系统❶。

张永安和李晨光认为❷，现有科技创新政策的研究还存在一些不足，尚待完善之处在于：一是，国外的研究聚焦还不够，虽然在研究框架上提出了很好的设想，但是还没有立足于政策本身的测度或测度分散不利于实证研究；二是，国内的研究针对集群创新科技政策的研究不多，多是从理论角度进行定性分析，实证研究也十分匮乏；三是，现有研究成果表明，政策测度比较简单，不能进行复杂的相关结构分析，需要进一步归纳和扩充。

我国集群创新科技政策制定和实施的实际情况，一是，尚缺乏综合性的指标体系对政策分类进行测度；二是，制定过程呈现“中央引导、地方指导、区域细化实施”的特点，针对不同政策性质、目标、发布机构和适用对象范围的评价与反馈机制逐渐形成；三是，在企业技术研发创新部门实施过程中政策的引导、规范、供给等功能不断细化；四是，政策实施后的效用统计指标缺乏系统性的计量分析逻辑，需要萃取和定量描述。

因此，张永安和李晨光❸从目标属性、评价属性、计量属性、功能属性4个方面归纳分类测度体系，共31个变量。其中，目标属性测度为政策类型（A1），是分类测度的作用目标；评价属性是对政策一些基本性质的分级评价，由政策级别（B1）、发布机构（B2）、影响层级（B3）、受体范围（B4）组成；计量属性是对政策对受体作用属性的量化，由强制程度（C1）、作用

---

❶ 陈海英．地方高校科技创新政策环境的若干思考［J］．长春工业大学学报（高教研究版），2004（2）：6.

❷ 张永安，李晨光．基于Wilks判别式分析的集群创新科技政策分类测度研究：以中关村为例［J］．情报杂志，2013（4）：195.

❸ 张永安，李晨光．基于Wilks判别式分析的集群创新科技政策分类测度研究：以中关村为例［J］．情报杂志，2013（4）：196.

力度（C2）、资源供给（C3）、法规数量（C4）、项目数量（C5）、补贴额度（C6）、税费额度（C7）、受益周期（C8）、层级个数（C9）、资源种类（C10）、激励程度（C11）、持续效力（C12）、年龄（C13）、机构数量（C14）、人才数量（C15）组成；功能属性是政策具备功能的描述，主要通过技术合作（D1）、国际交流（D2）、研发指导（D3）、政府采购（D4）、新产品（D5）、市场信息（D6）、人才引进（D7）、投资补助（D8）、税费优惠（D9）、资源和项目供给（D10）、规范引导（D11）反映出来。

2.2.2 国内高校科技政策总结

通过文献综述，我们对国内高校科技政策的现状做如下总结：

1）高校科技工作注重上下游关系。上游是政府，高校注重与政府的关系，政府支持和鼓励什么，高校就研究什么。下游是企业，企业需求什么，高校就研究什么。因此，高校科技政策体系注重于政府和企业的整合。

2）高校科技政策鼓励科技成果转化。我国高校研究成果较多，成果转化率却比较低，成果研究出来就束之高阁，即使是政策鼓励成果转化，成果转化率依然比较低。

3）高校科技政策鼓励产学研结合。为了解决成果转化率低的问题，政府鼓励产学研结合，鼓励建设大学科技园，并出台了相关政策，然后大学科技园的运转与美国相比依然差距较大。

4）科技产业政策的出台。解决成果转化率低问题的直接途径，就是高校将自己产出的科研成果，直接通过产业方式，转化成现实生产力。

2.3 高校科技政策导向

2.3.1 早期的科技导向

刘国忠和颜新亚[1]（2003 年）认为，制定科技管理政策应遵循以下七条

[1] 刘国忠，颜新亚．论科技管理政策对高校科技工作发展的影响［J］．成都理工大学学报（自然科学版），2003（增刊）：197-198．

原则：

●适时原则：任何一项政策的制定，都必须适应政策实施的环境，并能根据环境的变化而及时调整和修订。

●以人为本原则：在政策制定的过程中，必须认真考虑实施对象的接受程度及满意程度。如果不认真考虑实施对象的感知因素、接受度，那么制定出的政策就有可能受到大家的抵制而无法实施。

●可操作性原则：制定政策的最终目的是实施，因此，可操作性是政策制定的前提。任何政策，制定得再全面、再理想，如不具有可操作性，也是一纸空文，最终还是要被废弃。

●前瞻性原则：政策的制定不能局限于当前的现状，要站得高、看得远，要有超前的思想和高深的境界，在适应当前形势的基础上，纵观形势发展的趋势，努力将政策制定得有高度、深度，这样才能使政策能在一个较长的时期内适用，而不需要经常修改。

●稳定性原则：只有稳定的政策支持，管理工作才具有连续性。否则，无论是管理人员还是被管理人员，由于政策的经常性变动，而在工作上患得患失、人心浮动，就会直接影响政策实施的效果。

●压力机制与激励机制相结合原则：一方面，通过政策的制定，在符合学校整体发展的基础上，对教师的科技活动加以必要的管理，使每个人都具有一定的压力；另一方面，只要是符合政策中的有关激励机制的条件，无论是谁，都可以得到政策中规定的有关权利。从而使大家形成一个积极向上的良性循环的态势。

●闭环操作原则：任何管理办法，都必须有一个反馈和调整的环节，如果没有这个环节，对政策实施结果好坏的信息就无法得到，事与愿违还不知道，最终导致错误政策的实施。

陈海英（2004年）认为[1]，总的来看，地方高校科技创新政策是以政府政策为依托构建的，从现有分布来看还没有成为一个系统的、全面的、协调的体系，其系统性、层次性、动态性很弱，还存在有如下问题：重研究、轻

[1] 陈海英．地方高校科技创新政策环境的若干思考［J］．长春工业大学学报（高教研究版），2004（2）：6-9.

开发和转化的倾向；科技创新投入机制不完善，投资强度低；人才政策不尽合理，人才流动与导向不相符、重学历轻能力，忽视学生创新能力培养等一些问题。因而要发挥地方高校在国家创新体系中的作用，必须构建与科技创新特性相适合，能推动科技创新的政策支持体系；而要构建完善的政策体系，首先，要发挥规划和政策的导向作用，形成高效的科技管理政策体系；其次，要积极推进地方高校人才战略，构建科技创新的人力资源政策平台，为加强科技创新提供人才的支持；最后，要进行科技创新融资体制创新，建立多元化的创新活动融资体系，为深入而广泛的创新活动提供坚实的资金支持。

唐立山（2006 年）❶ 地方高校科技创新的政策环境呈现为如下几个方面的趋向：结构性趋向、取向性趋向、导向性趋向、联动性趋向。从科技创新政策的结构性上看，是一种交织型混合结构；从科技创新主体的政策取向上看，突出以人为本的科技理念；从科技创新政策的导向上看，趋向由撒芝麻、拉小网的课题运作和科研小作坊模式向营造品牌科研项目转化，并以此构成学校根本性、整体性、战略性的转化。从科技创新政策的联动性上看，地方高校已经开始关注科技创新行动与社会环境各种要素和变量之间的相互联系和相互依赖关系，特别是政策的规范性限制和引导性促动。

周瑞超❷（2006 年）认为，评价一所高校、科研院所的综合实力，已不单单是看培养出了多少学生、研发了多少科技成果，还要看其对经济社会发展的贡献率和科技成果的转化率，要看其面向经济和社会发展服务的能力和水平。

从上述文献检索结果来看，早期的科技导向有如下特点：

（1）关于科技政策导向的研究

基本上在前十年左右还有文献研究，近期的文献考虑科技政策内容的比较多，对科技政策导向的研究比较少，而科技政策的导向是科技政策制定和实施的关键，所有政策都是在一定导向下制定和实施的，不研究导向直接制定政策，会影响政策制定和实施的效果。

---

❶ 唐立山．地方高校科技创新政策环境的动态趋向［J］．吉林师范大学学报（自然科学版），2006（2）：104.

❷ 周瑞超．广西高校科技与地方互动发展的政策选择［J］．广西经济干部管理学院学报，2006（4）：66.

（2）对于科技政策制定的导向是个啥，还没有从概念上明晰

刘国忠和颜新亚把原则看成导向，所提出的应该遵循的七条原则，实际上应该说是七个导向。陈海英是从完善科技政策体系应该怎么做的角度出发，来论述科技政策导向的。唐立山以趋向描述了导向，他所论述的结构性趋向、取向性趋向、导向性趋向、联动性趋向，实际上都是导向。而导向应该是解决问什么的问题和怎么做实现目标的问题。

2.3.2 目前的科技导向

（1）市场导向

全国政协副主席、科学技术部部长万钢[1]在十二届全国人大一次会议新闻发布上围绕“创新驱动发展战略”回答了记者提问时指出，对高技术企业用税收优惠的办法，对中小企业采用科技金融的方法，对新产品采用市场拉动的办法，使得技术创新更加适合市场需求，解决资源配置的问题。推动以市场为导向、企业为主体，加强产学研的紧密结合，建设我们国家的技术创新体系，这是科技改革发展的第一号重要任务。

以市场为导向是加速产学研结合、促进技术创新的关键[2]。企业作为技术创新需求、创新成果应用的主体，应按照市场经济规律，自主选择合作伙伴，签订合作协议，协商利益分配，从而促进产学研各方在战略层面上建立持续稳定的合作关系，促进技术创新的可持续发展。

（2）科技成果转化导向

在市场经济环境中，市场机制通过供求、价格、竞争、风险等要素之间互相联系及作用，发挥着基础性的资源配置功能，对促进科技成果转化具有重要作用。充分发挥市场机制的重要作用，成为推动科技成果转化的关键[3]。

科技成果转化导向的知识创新[4]，是指企业以科技成果转化战略目标为

---

[1] 苏利川．科技部长万钢强调：技术创新必须更加注重市场导向［N］．中华工商时报，2013-03-08.

[2] 韩霁．市场导向推动企业科技进步［N］．经济日报，2012-04-13.

[3] 赖流滨等．以市场为导向加速科技成果转化［J］．价值工程，282.

[4] 林勋亮，徐辉．科技成果转化导向的企业知识创新能力模糊测度研究［J］．苏州大学学报（工科版），2011（2）：21.

导向，通过个人、团队、企业的创新活动，在知识的对接、学习、共享、整合基础上创造新知识，探索新的规律，并将知识应用到成果转化全过程并最终完成新产品、新技术开发及实现产业化的活动。

从整体上看，我国科技成果在落地转化过程中还存在着找不到适当的转化途径❶，社会资本大量剩余以及科技资源的投向等问题。面对发达国家高达80％科技成果转化率，不足的动力转化机制、不完整的协同发展链条、不完善的转化配套体系、不健全的创新政策支撑等众多的壁垒都影响着我国科技成果的落地转化。

目前，国内科研成果转化成功率低的一个原因就是“买卖”对象错位，以及由此带来的一系列问题。按照常理，科研成果的“收购方”应该是企业，而不是政府。除国防军工等涉及国计民生的技术以外，政府不应该成为科技成果的主要转化对象。可是现在国内科研院校产生出的成果似乎都是针对“政府买家”的。要提升科技成果转化率，就必须系统地解决这些问题❷。

扭转这一切的最佳办法就是科研人员以市场为导向来做科研开发，科研管理部门，如大学管理部门应把科技成果潜在的转化成功率，作为是否对其投资时间、金钱的重要标准。

可以发现，市场导向和科技成果转化导向实际上是相互联系的，以市场为导向的科技成果才能转化，以转化为目标的科技成果基本上都是能够满足市场需求的。

(3) 民生导向

发展民生科技是“十二五”科技工作的重中之重，高校肩负着发展民生科技的重任。谢梅和罗永梅（2012年）通过对成都高校民生科技成果转化现状与问题的分析❸，结合创新扩散理论，提出成都高校民生科技成果转化的七个对策为：

成都高校要结合成都本地实际民生科技需求来发展民生科技；成都高校应依托各高校优势学科发展民生科技；构建产学研一体的高校民生科技成果

❶ 官鸿．新导向下的福建科技成果转化研究［J］．大众科技，2012（11）：202.

❷ 韩健．科技成果转化应坚持市场导向［N］．科技日报，2010-09-10.

❸ 谢梅，罗永梅．民生科技发展导向的成都高校科技成果转化路径与对策［J］．电子科技大学学报（社科版），2012（1）：62.

转化平台；加强与完善高校科研管理部门职能；建构高校民生科技成果转化的融资体系；建立专门技术成果转化机构；政府引导，搭建民生科技成果转化的信息平台，实现校企合作。

（4）产业化导向

武汉纺织大学科技园将重点研发纺织产业链共性关键技术❶，重点孵化已有一定技术成熟度、科技含量高、运用价值良好、适合产业化推广的项目，并进行成果转化和产业化推广。武汉纺织大学科技园规划理念将以纺织产业链集群、科技成果为依托，承载科技成果转化，国内外科技合作与研发，高新技术企业孵化，以及纺织行业人才培养，将研究院打造成科技创新与转化，高新企业孵化与人才培养的典型研究院。

关于产业化导向，吴家喜等提出了领先市场的概念。领先市场是指率先采用某项技术，并通过国际扩散建立全球产业领先地位的国家或地区❷。领先市场具有以下特性❸：

首先，技术采用的领先性：领先市场并不一定是技术的最初发明地，但却是率先采用技术的国家。许多创新设计的全球性应用通常发轫于某个国家，但创新设计所依托的发明却起源于另一个国家。

其次，国际扩散的领先性：领先市场通过影响国际市场需求促进了创新的全球扩散。有些国家或地区因为具有某种特殊的市场需求而使某项技术创新在该国获得成功，但并不一定能实现国际成功扩散。

（5）团队导向

目前国家对科技项目资助的趋势是❹，条件建设项目需要研究基础和区域特色，基础研究项目需要有研究深度的特色专业和团队，应用技术研究项目需要有知名转接和规模团队，产业化项目需要有资助知识产权，这些条件

---

❶ 王育楠．武汉纺织大学科技园以产业化为导向［N］．中国纺织报，2013-03-01.

❷ 吴家喜，吴贵生．领先市场：分析国家竞争优势的新视角［J］．科学学与科学技术管理，2006（6）：80-84.

❸ 吴家喜，李春景，邢小强．领先市场导向的科技资源配置方式［J］．中国科技论坛，2010（9）：11-15.

❹ 董文琦，岳增良．以创新团队为导向的科技创新管理体系浅析［J］．农业科技管理，2012（3）：34.

的基础都是人才、团队和特色。因此，应该高度重视科技人员综合素质的提升，培养知名专家，打造优势特色学科，争取得到重点支持。

2.3.3 实践感知的科技导向问题

根据我们在高校从事科研工作的经验，以及与其他高校科研人员交流的结果，从山西高校绩效工资改革的效果来看，在研究人员当中普遍存在一些困惑，这些困惑集中起来启示就是几个问题：

(1) 教学导向还是科技导向

在绩效工资发放中，基本上是以科研成果为主要导向，有的高校纯粹以科研成果为发放依据，有的高校是以科研成果为主，以教学为辅助，而且科研可以替代教学，教学不能替代科研。在此导向下，很多教师明显地感觉到，主要精力应该放在科研上，在教学上的投入无论是时间还是精力都比较少了，可能导致的结果是：科研的学术规范性差了，短期效应的不良性增加了，教学效果也不如从前了。那么，高校应该是以教学为主还是以科研为主？都去搞科研了，谁来做好教学工作？

(2) 横向导向还是纵向导向

研究开发通常有供给和需求两种模式❶。

供给模式是由科研机构确定项目，经费源于科研机构和政府资金，研发成功后再通过一定渠道将成果进行转化，这样的项目就是纵向课题。

需求模式是企业根据市场需求，向科研机构提供经费，并提出项目，研发成功后在企业实现科技成果转化，这样的项目就是横向课题。

对科研机构而言，后者方便其有针对性地从事科研，成果可以迅速实现商品化；对企业来说，在技术市场中寻找到符合自身实际情况和产品特点的研发项目，既能快速实现产品转型升级，又能减少人、财、物的投入。因此，从文献综述结果来看，应该只有以横向课题为导向，才能体现应用性和市场导向，而实际上，由于横向课题在数量上少于纵向课题，高校的科技奖励、绩效工资改革、职称评审等重要事项，还是重视纵向课题。

---

❶ 匡建斌．政府为主导市场为导向企业为主体："三位一体"促进科技成果转化［J］．科技论坛，2012（11）：25.

（3）理论导向还是应用导向

从国家高等教育的大政方针来看，培养应用型人才的调子提得很高，但是在人才培养当中始终存在一个矛盾，那就是无论是教学还是科研，应该是理论导向还是应用导向？目前的高校非常看重理论，在学位论文写作当中明确提出要有理论性甚至是理论体系，对学术论文的要求也很高，必须发表什么级别的论文，才能毕业，才能评职称，才能入选人才计划，而学术论文的发表对理论的要求更高。在做科研项目的时候，却要求有应用性，能进行成果转化，对理论的要求就不一定很高，那么，怎么解决这个矛盾？怎么打破传统的人才培养模式？

（4）个人导向还是团队导向

从科研评价体系当中可以发现，评价基本上是围绕着科学研究者个人展开的，很少评价团队，如评职称、发绩效工资、入选人才计划，除了评价的是创新团队，基本上都是以个人为主的，在这种导向下，谁来关注团队建设？如果团队的学科带头人将团队带得很好，又不愿意窃取团队成员的科研成果，学科带头人的成果就要受到一定的局限性，所以，学科带头人可能会将团队成员的研究成果划到自己名下，因为这是在自己指导下完成的科研成果。所以，个人导向还是团队导向的问题，是科研评价的又一个瓶颈。

（5）激励导向还是任务导向

从目前山西省高校绩效工资发放的情况来看，目的是激励教师从事科学研究，但是实际上成了对教师规定的科研任务。为了完成科研任务获取绩效工资，部分教师已经成了为完成任务而完成任务，教学上完成了基本任务就不愿意多代课了，科研上为了完成任务不也不顾学术规范了，只要有项目申报就参加，不管参加的项目是否与专业相关，发表论文也关注数量了，只要够了考核条件就行，不管采用什么方式，甚至有的高校还出现为了教师完成任务而低报岗位的情况，如此一来，是否起到了激励导向的作用？

2.4 高校科技政策体系

2.4.1 基于时间序列的我国促进科技发展政策体系

在中华人民共和国科技部网站上检索我国促进科技发展政策，结合文献检索结果，按照时间序列排列，列表2-2基于时间序列的我国促进科技发展政策如下。

表2-2 基于时间序列的我国促进科技发展政策

年代	我国促进科技发展政策
2005年之前（14）	《中华人民共和国发明奖励条例》（1978年）、《中华人民共和国自然科学奖励条例》（1979年）、《中华人民共和国商标法》（1982年）、《中华人民共和国科学技术进步奖励条例》（1984年）、《中华人民共和国著作权法》（1990年）、《国家高新技术产业开发区税收政策的规定》（1991年）、《中华人民共和国促进科学成果转化法》（1996年）、《中华人民共和国合同法》中对技术合同作出专项规定（1999年）《高等学校知识产权保护管理》（1999年教育部3号令）、《关于促进科技成果转化的若干规定》（1999年）、《关于促进科技成果转化有关税收政策的通知》（1999年）、《国家科学技术奖励条例实施细则》（1999年）、《中华人民共和国专利法》（2000年）、《关于国家科研计划项目研究成果知识产权管理的若干规定》（2002年）
2006年（8）	《国家中长期科学和技术发展规划纲要（2006—2020年）》（2006年）、《国家中长期科学和技术发展规划纲要（2006—2020年）》（2006年）、《国家中长期科学和技术发展规划纲要（2006—2020年）》（2006年）、《国家科技计划实施中科研不端行为处理办法（试行）》（2006年）、《关于国际科技合作知识产权管理的若干规定》（2006年）、《关于进一步推动科研基地和科研基础设施向企业及社会开放的若干意见》（2006年）、《国家大学科技园认定和管理办法》（2006年）、《关于企业技术创新有关所得税优惠政策的通知》（2006年）

续表

年代	我国促进科技发展政策
2007年 （9）	《中华人民共和国科技进步法》（1993年制定，2007年修订）、《国家级示范生产力促进中心认定和管理办法》（2007年）、《科技企业孵化器（高新技术创业服务中心）认定和管理办法》（2007年）、《关于依托转制院所和企业建设国家重点实验室的指导意见》（2007年）、《国家高新技术产业化及环境建设（火炬）“十一五”发展纲要》（2007年）、《国家高新技术产业开发区“十一五”发展规划纲要》（2007年）、《关于促进国家高新技术产业开发区进一步发展增强自主创新能力的若干意见》（2007年）、《国家可持续发展实验区“十一五”建设与发展规划纲要》（2007年）、《国家自主创新产品认定管理办法》（2007年）
2008年 （1）	《关于加强国家科普能力建设的若干意见》（2008年）
2009年 （3）	《关于推动产业技术创新战略联盟构建的指导意见》（2009年）、《关于发挥国家高新技术产业开发区作用促进经济平稳较快发展的若干意见》（2009年）、《国家科学技术奖励条例实施细则》（2009年）
2010年 （2）	《国家中长期教育改革和发展规划纲要（2010—2020年）》（2010年）、《国家中长期人才发展规划纲要（2010—2020年）》（2010年）
2011年 （6）	《国家“十二五”科技发展规划》（2011年）、《国家级示范生产力促进中心绩效评价工作细则》（2011年）、《生产力促进中心“十二五”发展规划纲要》（2011年）、《生产力促进中心服务产业集群、服务基层科技专项行动的实施意见》（2011年）、《国家大学科技园“十二五”发展规划纲要》（2011年）、《关于国家大学科技园有关税收政策问题的通知》（2011年）
2012年 （30）	《国家大学科技园评价指导意见》（2012年）、《国家文化科技创新工程纲要》（2012年）、《国家基础研究发展“十二五”专项规划》（2012年）、《数控一代机械产品创新应用示范工程“十二五”规划》（2012年）、《国家宽带网络科技发展“十二五”专项规划》（2012年）、《中国云科技发展“十二五”专项规划》（2012年）、《导航与位置服务科技发展“十二五”专项规划》（2012年）、《新型显示科技发展“十二五”专项规划》（2012年）、《高品质特殊钢科技发展“十二五”专项规划》（2012年）、

续表

年代	我国促进科技发展政策
	《半导体照明“十二五”专项规划》（2012年）、《全球变化研究国家重大科学研究计划“十二五”专项规划》（2012年）、《量子调控研究国家重大科学研究计划“十二五”专项规划》（2012年）、《蛋白质研究国家重大科学研究计划“十二五”专项规划》（2012年）、《发育与生殖研究国家重大科学研究计划“十二五”专项规划》（2012年）、《纳米研究国家重大科学研究计划“十二五”专项规划》（2012年）、《干细胞研究国家重大科学研究计划“十二五”专项规划》（2012年）、《智能电网重大科技产业化工程“十二五”专项规划》（2012年）、《“十二五”制造业信息化科技工程规划》（2012年）、《太阳能发电科技发展“十二五”专项规划》（2012年）、《洁净煤技术科技发展“十二五”专项规划》（2012年）、《智能制造科技发展“十二五”重点专项规划》（2012年）、《高速列车科技发展“十二五”专项规划》（2012年）、《电动汽车科技发展“十二五”专项规划》（2012年）、《服务机器人科技发展“十二五”专项规划》（2012年）、《绿色制造科技发展“十二五”专项规划》（2012年）、《风力发电科技发展“十二五”专项规划》（2012年）、《高新技术产业化及其环境建设“十二五”专项规划》（2012年）、《现代服务业科技发展“十二五”专项规划》（2012年）、《国家中长期新材料人才发展规划》（2012年）
2013年（6）	《国家科技企业孵化器“十二五”发展规划》（2013年）、《国务院办公厅关于强化企业技术创新主体地位全面提升企业创新能力的意见》（2013年）、《“十二五”国家重大创新基地建设规划》（2013年）、《技术市场“十二五”发展规划》（2013年）、《国家高新技术产业开发区“十二五”发展规划纲要》（2013年）、《高性能膜材料科技发展“十二五”专项规划》（2013年）

从表2-2可以得出结论如下：

1）我国促进科技发展政策基本上是从2006年开始的。从1978年到2005年的28年之间总计出台14项科技政策，年均出台0.5项政策，出台的政策也是基本政策，涉及商标、发明奖励、成果转化、知识产权保护等内容。

2）从2006年开始，我国促进科技发展政策开始形成体系。从2006年到1013年总计出台65项政策，历年出台政策数量为8、9、1、3、2、6、30、6，用柱形图2-1描述如下。

从柱形图2-1来看，在2012年出现异化，数量为30，这一年我国促进科技政策出台很多，政策主要是大批“十二五”科技专项规划，表明我国在2012年开始，从过去的科技发展总体规划，转向注重科技发展专项规划，这一年出台的专项规划列表2-3如下：

表2-3　2012年出台的科技专项规划

《国家基础研究发展“十二五”专项规划》	《中国云科技发展“十二五”专项规划》
《高新技术产业化及其环境建设“十二五”专项规划》	《数控一代机械产品创新应用示范工程“十二五”规划》
《导航与位置服务科技发展“十二五”专项规划》	《智能电网重大科技产业化工程“十二五”专项规划》
《国家中长期新材料人才发展规划》	《现代服务业科技发展“十二五”专项规划》
《国家宽带网络科技发展“十二五”专项规划》	《风力发电科技发展“十二五”专项规划》
《绿色制造科技发展“十二五”专项规划》	《服务机器人科技发展“十二五”专项规划》
《纳米研究国家重大科学研究计划“十二五”专项规划》	《干细胞研究国家重大科学研究计划“十二五”专项规划》
《电动汽车科技发展“十二五”专项规划》	《高速列车科技发展“十二五”专项规划》
《智能制造科技发展“十二五”重点专项规划》	《洁净煤技术科技发展“十二五”专项规划》
《高品质特殊钢科技发展“十二五”专项规划》	《太阳能发电科技发展“十二五”专项规划》
《全球变化研究国家重大科学研究计划“十二五”专项规划》	《量子调控研究国家重大科学研究计划“十二五”专项规划》
《蛋白质研究国家重大科学研究计划“十二五”专项规划》	《发育与生殖研究国家重大科学研究计划“十二五”专项规划》
《新型显示科技发展“十二五”专项规划》	《“十二五”制造业信息化科技工程规划》
《半导体照明“十二五”专项规划》	

从表2-3可以看出我国科技发展专项在注重基础研究的基础上，集中在

生物、新能源、制造业、高科技产业、电子信息化以及涉及民生的汽车、铁路等研究上，为地方科技发展提供了指导方向。

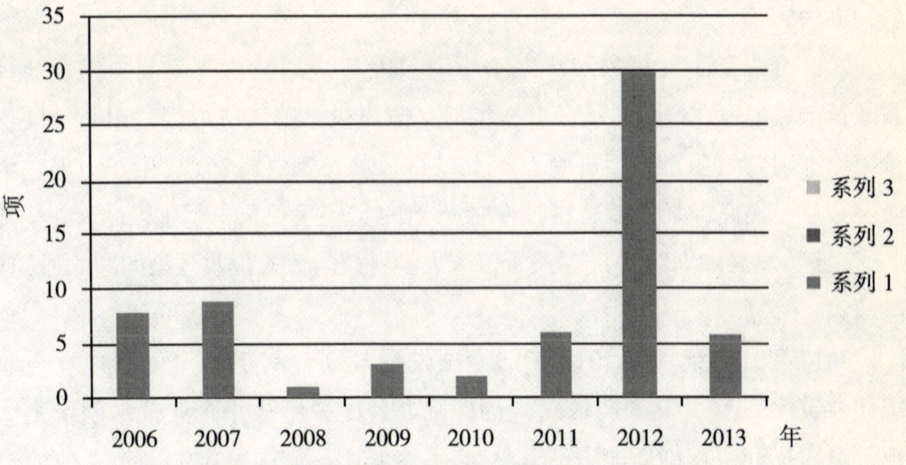

图 2-1　我国促进科技发展政策体系逐年建设情况

此外，从柱形图 2-1 来看，2006 年、2007 年、2011 年、2013 年也是我国促进科技发展政策体系建设做得较好的年份。

2006 年，国家开始关注中长期发展规划，制定了《国家中长期科学和技术发展规划纲要（2006—2020 年）》、《国家中长期科学和技术发展规划纲要（2006—2020 年）》、《国家中长期科学和技术发展规划纲要（2006—2020 年）》等。同年，也比较关注科学研究中的知识产权问题，出台了《国家科技计划实施中科研不端行为处理办法（试行）》、《关于国际科技合作知识产权管理的若干规定》。此外也关注产学研问题，出台了《关于进一步推动科研基地和科研基础设施向企业及社会开放的若干意见》、《国家大学科技园认定和管理办法》，并鼓励创新，出台了《关于企业技术创新有关所得税优惠政策的通知》。

2007 年，继续出台产学研结合政策以及创新政策，先后出台了《国家级示范生产力促进中心认定和管理办法》、《科技企业孵化器（高新技术创业服务中心）认定和管理办法》、《关于依托转制院所和企业建设国家重点实验室的指导意见》《国家高新技术产业化及环境建设（火炬）“十一五”发展纲要》、《国家高新技术产业开发区“十一五”发展规划纲要》、《关于促进国家高新技术产业开发区进一步发展增强自主创新能力的若干意见》、《国家可持续发展实验区“十一五”建设与发展规划纲要》、《国家自主创新产品认定管理办法》等政策。

2011年，除了《国家“十二五”科技发展规划》之外，制定出台的科技政策依然集中在产学研结合上，包括《国家级示范生产力促进中心绩效评价工作细则》、《生产力促进中心“十二五”发展规划纲要》《生产力促进中心服务产业集群、服务基层科技专项行动的实施意见》、《国家大学科技园“十二五”发展规划纲要》、《关于国家大学科技园有关税收政策问题的通知》等政策。

2013年，继续承继2012年的专项发展规划，制定了《国家科技企业孵化器“十二五”发展规划》、《国务院办公厅关于强化企业技术创新主体地位全面提升企业创新能力的意见》、《“十二五”国家重大创新基地建设规划》、《技术市场“十二五”发展规划》、《国家高新技术产业开发区“十二五”发展规划纲要》、《高性能膜材料科技发展“十二五”专项规划》等政策。

从基于时间序列的我国促进科技发展政策体系来看，我国促进科技发展政策体系建设情况大约是这样的：2005年之前，关注基本政策建设。2006年到2010年期间，关注中长期发展规划，关注产学研结合和科技创新政策。2011年到2013年关注科技专项发展规划，把科技发展规划提到非常高并且非常细化的地步。

2.4.2 基于关键词的我国促进科技发展政策体系

在各项政策制定的过程中，出现了许多频率较高的词语，如规划、创新、大学、成果转化、知识产权等，因此，我们进一步做基于关键词的我国促进科技政策发展体系研究，进一步探讨我国科技政策的内涵导向。以关键词为依据，将我国促进科技发展政策列表2-4如下，如果政策涉及多个方面关键词，则分别在各个关键词下罗列政策。

表 2-4 基于关键词的我国促进科技发展政策

基本政策（9）	《中华人民共和国科技进步法》（1993 年制定，2007 年修订）、《国家中长期科学和技术发展规划纲要（2006—2020 年）》（2006 年）、《国家“十二五”科技发展规划》（2011 年）《国家中长期科学和技术发展规划纲要（2006—2020 年）》（2006 年）、《国家中长期教育改革和发展规划纲要（2010-2020 年）》（2010 年）、《国家中长期人才发展规划纲要（2010-2020 年）》（2010 年）、《关于加强国家科普能力建设的若干意见》（2008 年）、《国家科技计划实施中科研不端行为处理办法（试行）》（2006 年）、《关于推动产业技术创新战略联盟构建的指导意见》（2009 年）
知识产权保护政策（8）	《中华人民共和国商标法》（1982 年）、《中华人民共和国专利法》（2000 年）、《中华人民共和国著作权法》（1990 年）、《中华人民共和国合同法》中对技术合同作出专项规定（1999 年）、《高等学校知识产权保护管理》（1999 年教育部 3 号令）、《关于国家科研计划项目研究成果知识产权管理的若干规定》（2002 年）、《国家科技计划实施中科研不端行为处理办法（试行）》（2006 年）、《关于国际科技合作知识产权管理的若干规定》（2006 年）
促进成果转化政策（19）	《中华人民共和国促进科学成果转化法》（1996 年）、《关于促进科技成果转化的若干规定》（1999 年）、《国家科技企业孵化器“十二五”发展规划》（2013 年）、《国家级示范生产力促进中心绩效评价工作细则》（2011 年）、《国家大学科技园“十二五”发展规划纲要》（2011 年）、《生产力促进中心“十二五”发展规划纲要》（2011 年）、《国家级示范生产力促进中心认定和管理办法》（2007 年）、《生产力促进中心服务产业集群、服务基层科技专项行动的实施意见》（2011 年）、《国家大学科技园评价指导意见》（2012 年）、《关于进一步推动科研基地和科研基础设施向企业及社会开放的若干意见》（2006 年）、《关于依托转制院所和企业建设国家重点实验室的指导意见》（2007 年）、《国家大学科技园认定和管理办法》（2006 年）、《科技企业孵化器（高新技术创业服务中心）认定和管理办法》（2007 年）、《国家高新技术产业化及环境建设（火炬）“十一五”发展纲要》（2007 年）、《国家高新技术产业开发区“十一五”发

续表

	展规划纲要》(2007 年)、《关于促进国家高新技术产业开发区进一步发展增强自主创新能力的若干意见》(2007 年)、《国家可持续发展实验区“十一五”建设与发展规划纲要》(2007 年)、《国家自主创新产品认定管理办法》(2007 年)、《关于发挥国家高新技术产业开发区作用促进经济平稳较快发展的若干意见》(2009 年)
优惠政策（4）	《关于促进科技成果转化有关税收政策的通知》(1999 年)、《国家高新技术产业开发区税收政策的规定》(1991 年)、《关于企业技术创新有关所得税优惠政策的通知》(2006 年)、《关于国家大学科技园有关税收政策问题的通知》(2011 年)
激励政策（5）	《国家科学技术奖励条例实施细则》(1999 年)、《中华人民共和国发明奖励条例》(1978 年)、《中华人民共和国自然科学奖励条例》(1979 年)、《中华人民共和国科学技术进步奖励条例》(1984 年)、《国家科学技术奖励条例实施细则》(2009 年)
行业发展政策（32）	《技术市场“十二五”发展规划》(2013 年)、《国家高新技术产业开发区“十二五”发展规划纲要》(2013 年)、《国家文化科技创新工程纲要》(2012 年)、《国家基础研究发展“十二五”专项规划》(2012 年)、《数控一代机械产品创新应用示范工程“十二五”规划》(2012 年)、《国家宽带网络科技发展“十二五”专项规划》(2012 年)、《中国云科技发展“十二五”专项规划》(2012 年)、《导航与位置服务科技发展“十二五”专项规划》(2012 年)、《新型显示科技发展“十二五”专项规划》(2012 年)、《高性能膜材料科技发展“十二五”专项规划》(2013 年)、《高品质特殊钢科技发展“十二五”专项规划》(2012 年)、《半导体照明“十二五”专项规划》(2012 年)、《全球变化研究国家重大科学研究计划“十二五”专项规划》(2012 年)、《量子调控研究国家重大科学研究计划“十二五”专项规划》(2012 年)、《蛋白质研究国家重大科学研究计划“十二五”专项规划》(2012 年)、《发育与生殖研究国家重大科学研究计划“十二五”专项规划》(2012 年)、《纳米研究国家重大科学研究计划“十二五”专项规划》(2012 年)、《干细胞研究国家重大科学研究计划“十二五”专项规划》(2012 年)、

续表

	《国家基础研究发展"十二五"专项规划》(2012 年)、《智能电网重大科技产业化工程"十二五"专项规划》(2012 年)、《"十二五"制造业信息化科技工程规划》(2012 年)、《太阳能发电科技发展"十二五"专项规划》(2012 年)、《洁净煤技术科技发展"十二五"专项规划》(2012 年)、《智能制造科技发展"十二五"重点专项规划》(2012 年)、《高速列车科技发展"十二五"专项规划》(2012 年)、《电动汽车科技发展"十二五"专项规划》(2012 年)、《服务机器人科技发展"十二五"专项规划》(2012 年)、《绿色制造科技发展"十二五"专项规划》(2012 年)、《风力发电科技发展"十二五"专项规划》(2012 年)、《高新技术产业化及其环境建设"十二五"专项规划》(2012 年)、《现代服务业科技发展"十二五"专项规划》(2012 年)、《国家中长期新材料人才发展规划》(2012 年)
规划政策（36）	《国家中长期科学和技术发展规划纲要（2006—2020 年）》(2006 年)、《国家中长期教育改革和发展规划纲要（2010—2020 年）》(2010 年)、《国家中长期人才发展规划纲要（2010—2020 年）》(2010 年)、《"十二五"国家重大创新基地建设规划》(2013 年)、《技术市场"十二五"发展规划》(2013 年)、《国家高新技术产业开发区"十二五"发展规划纲要》(2013 年)、《国家科技企业孵化器"十二五"发展规划》(2013 年)、《国家基础研究发展"十二五"专项规划》(2012 年)、《数控一代机械产品创新应用示范工程"十二五"规划》(2012 年)、《国家宽带网络科技发展"十二五"专项规划》(2012 年)、《中国云科技发展"十二五"专项规划》(2012 年)、《导航与位置服务科技发展"十二五"专项规划》(2012 年)、《新型显示科技发展"十二五"专项规划》(2012 年)、《高性能膜材料科技发展"十二五"专项规划》(2013 年)、《高品质特殊钢科技发展"十二五"专项规划》(2012 年)、《半导体照明"十二五"专项规划》(2012 年)、《全球变化研究国家重大科学研究计划"十二五"专项规划》(2012 年)、《量子调控研究国家重大科学研究计划"十二五"专项规划》(2012 年)、《蛋白质研究国家重大科学研究计划"十二五"专项规划》(2012 年)、《发育与生殖研究国家重大科学研究计划"十二五"专项规划》(2012 年)、《纳米研究国家重大科学研究计划

续表

	“十二五”专项规划》（2012年）、《干细胞研究国家重大科学研究计划“十二五”专项规划》（2012年）、《国家基础研究发展“十二五”专项规划》（2012年）、《智能电网重大科技产业化工程“十二五”专项规划》（2012年）、《“十二五”制造业信息化科技工程规划》（2012年）、《太阳能发电科技发展“十二五”专项规划》（2012年）、《洁净煤技术科技发展“十二五”专项规划》（2012年）、《智能制造科技发展“十二五”重点专项规划》（2012年）、《高速列车科技发展“十二五”专项规划》（2012年）、《电动汽车科技发展“十二五”专项规划》（2012年）、《服务机器人科技发展“十二五”专项规划》（2012年）、《绿色制造科技发展“十二五”专项规划》（2012年）、《风力发电科技发展“十二五”专项规划》（2012年）、《高新技术产业化及其环境建设“十二五”专项规划》（2012年）、《现代服务业科技发展“十二五”专项规划》（2012年）、《国家中长期新材料人才发展规划》（2012年）
创新政策（3）	《国务院办公厅关于强化企业技术创新主体地位全面提升企业创新能力的意见》（2013年）、《“十二五”国家重大创新基地建设规划》（2013年）、《国家文化科技创新工程纲要》（2012年）
高校政策（6）	《高等学校知识产权保护管理》（1999年教育部3号令）、《国家大学科技园“十二五”发展规划纲要》（2011年）、《国家大学科技园评价指导意见》（2012年）、《关于依托转制院所和企业建设国家重点实验室的指导意见》（2007年）、《国家大学科技园认定和管理办法》（2006年）、《关于国家大学科技园有关税收政策问题的通知》（2011年）

从表2-4来看，可以得出如下结论：

我国促进科技发展政策涉及高校的有6项，主要包括《高等学校知识产权保护管理》（教育部［1999］3号令）、《国家大学科技园“十二五”发展规划纲要》（2011年）、《国家大学科技园评价指导意见》（2012年）、《关于依托转制院所和企业建设国家重点实验室的指导意见》（2007年）、《国家大学科技园认定和管理办法》（2006年）、《关于国家大学科技园有关税收政策问题的通知》（2011 年）等。这些政策涉及大学科技园的有 4 项，占 2/3 比例，表明国家对大学科技园发展非常重视。还涉及高校的知识产权保护和实验室建设问题，所有政策基本上都是导向高校如何进行产学研结合区创新和转化的问题上。

我国促进科技发展政策涉及创新的有 3 项，主要包括《国务院办公厅关于强化企业技术创新主体地位全面提升企业创新能力的意见》（2013 年）、《“十二五”国家重大创新基地建设规划》（2013 年）、《国家文化科技创新工程纲要》（2012 年），这些政策基本上都是在近期发布的，表明我国已经开始从政策上关注创新问题，但是具体措施还没有完全到位。

我国促进科技发展政策涉及规划的有 36 项，从总体发展规划到专项发展规划，出台的政策十分齐全，表明我国对科技发展规划非常重视，在科技指导下完成科技计划任务，已经成为一种必然趋势。

我国促进科技发展政策涉及行业发展的有 36 项，这些政策基本上都是在 2012 年到 2013 年期间出台的，内容与规划具有一定的相似性。

我国促进科技发展政策涉及激励的有 5 项，主要包括《国家科学技术奖励条例实施细则》（1999 年）、《中华人民共和国发明奖励条例》（1978 年）、《中华人民共和国自然科学奖励条例》（1979 年）、《中华人民共和国科学技术进步奖励条例》（1984 年）、《国家科学技术奖励条例实施细则》（2009 年），这些政策制定得比较早，实施得也比较好，特别是近几年几乎没有这方面新的政策出台。

我国促进科技发展政策涉及优惠的有 4 项，主要包括《关于促进科技成果转化有关税收政策的通知》（1999 年）、《国家高新技术产业开发区税收政策的规定》（1991 年）、《关于企业技术创新有关所得税优惠政策的通知》（2006 年）、《关于国家大学科技园有关税收政策问题的通知》（2011 年），优惠政策是通过税收优惠来体现的，内容主要集中在成果转化和创新上。

我国促进科技发展政策涉及科技成果转化的有 19 项，内容主要集中在生产力促进中心、大学科技园、实验室建设等产学研结合和创新上。

我国促进科技发展政策涉及知识产权保护的的有 8 项，主要包括《中华人民共和国商标法》（1982 年）、《中华人民共和国专利法》（2000 年）、《中华人民共和国著作权法》（1990 年）、《中华人民共和国合同法》中对技术合同作出专项规定（1999 年）、《高等学校知识产权保护管理》（1999 年教育部 3 号令）、《关于国家科研计划项目研究成果知识产权管理的若干规定》（2002 年）、《国家科技计划实施中科研不端行为处理办法（试行）》（2006 年）、《关于国际科技合作知识产权管理的若干规定》（2006 年）等政策，表明国家对知识产权保护的重视程度越来越大。

我国促进科技发展政策涉及基本政策的有 9 项，主要包括《中华人民共和国科技进步法》（1993 年制定，2007 年修订）、《国家中长期科学和技术发展规划纲要（2006—2020 年）》（2006 年）、《国家“十二五”科技发展规划》（2011 年）《国家中长期科学和技术发展规划纲要（2006—2020 年）》（2006 年）、《国家中长期教育改革和发展规划纲要（2010—2020 年）》（2010 年）、《国家中长期人才发展规划纲要（2010—2020 年）》（2010 年）、《关于加强国家科普能力建设的若干意见》（2008 年）、《国家科技计划实施中科研不端行为处理办法（试行）》（2006 年）、《关于推动产业技术创新战略联盟构建的指导意见》（2009 年），这些政策涉及科技发展基础因素的各个方面，成为指导科技发展的基本政策。

我国促进科技发展政策总体上包括基本政策 9 项、保护知识产权政策 8 项、促进成果转化政策 19 项、优惠政策 4 项、激励政策 5 项、行业政策 32 项、规划政策 36 项、创新政策 3 项、高校政策 6 项，将我国促进科技发展政策的总体概况用饼形图 2-2 描述如下。

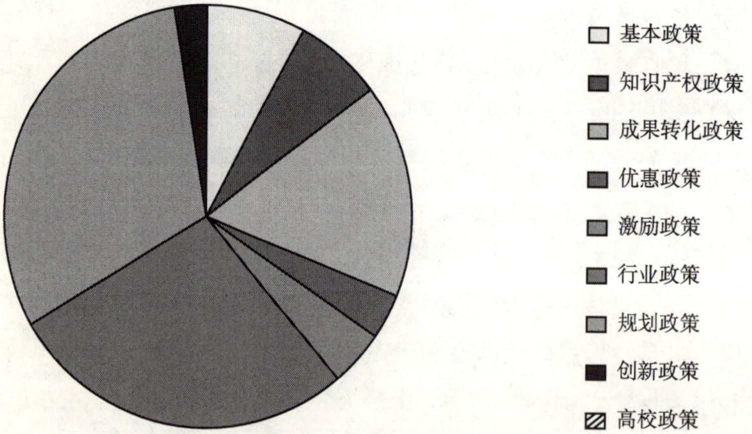

图 2-2　我国促进科技发展政策饼形图

从饼形图 2-2 中可以看出，我国出台的促进科技发展政策，绝大部分是规划政策和行业政策，虽然这两部分政策具有一定的重复性，但是也表明了科技政策已经开始注重行业规划和行业发展了。成果转化政策也比较多，表明我国对产学研结合高度重视。基本政策和知识产权政策也次之，也成为促进科技发展政策体系的重要组成部分。优惠政策、激励政策、创新政策、高校政策出台的数量比较少，还不够完善，还需要加强这些方面政策的制定。

2.4.3 山西省促进科技发展政策体系

从理论上来看，山西省科技厅制定的科技发展政策，应该是在我国促进科技发展政策的指导下，依据山西省地方实际情况制定的，起着承上启下的作用。那么，实际情况是不是这样呢？

登录山西省科技厅政府网站，在信息公开目录下按照主题检索规划和法规文件，分别列表 2-5 山西省科技厅科技规划情况和表 2-6 山西省科技厅科技政策出台情况，将规划情况单独罗列的原因，是因为国家科技政策的出台非常重视规划，山西省是否与国家政策具有协同性，从中可窥一斑。

表 2-5　山西省科技厅科技规划情况

序号	名称	发布时间（年. 月. 日）	信息来源
1	山西省科普工作规划纲要（2009—2010 年）	2009. 6. 22	办公室
2	我省“十一五”规划中期评估报告解读	2009. 1. 9	发展计划与科技成果处
3	山西省中长期科学和技术发展规划纲要	2008. 3. 28	发展计划与科技成果处
4	《国家中长期科学和技术发展规划纲要（2006—2020 年）》配套政策实施细则汇总	2008. 3. 27	发展计划与科技成果处
5	实施《国家中长期科学和技术发展规划纲要（2006—2020 年）》的若干配套政策	2008. 3. 16	发展计划与科技成果处
6	山西省科技发展“十一五”规划	2008. 3. 7	发展计划与科技成果处

从表 2-5 中可以看出，山西省科技厅科技规划基本上是由发展计划与科技成果处出台的，这些规划分为两个部分：第一部分是对国家基本政策中涉

及规划的部分进行解读和出台相关配套政策，如《国家中长期科学和技术发展规划纲要（2006—2020年）》配套政策实施细则汇总和实施《国家中长期科学和技术发展规划纲要（2006—2020年）》的若干配套政策。第二部分是制定山西省自己的科技发展规划，如《山西省科技发展“十一五”规划》和《山西省中长期科学和技术发展规划纲要》。此外，办公室负责制定了《山西省科普工作规划纲要（2009—2010年）》，这个政策的出台的依据主要是《关于加强国家科普能力建设的若干意见》（2008年）。然而这些规划与国家科技专项规划相比较，没有相应的专项规划出台，表明山西省科技规划有所缺失，在科技规划方面没有注重专项规划。

除了规划之外，山西省科技厅网站上有其他相关政策79项，其中山西省自己出台的政策62项，链接国家出台的相关政策17项。

表2-6 山西省科技厅科技政策出台情况

序号	名称	发布时间（年. 月. 日）	信息来源	文号
1	关于印发《山西省农业科技园区管理办法（试行）》的通知	2012. 8. 6	农村科技处	晋科农发［2012］93号
2	关于印发《山西省科技计划项目经费预算评审办法》的通知	2012. 7. 31	科研条件与财务处	晋科财发［2012］91号
3	关于印发《山西省科技重大专项管理办法》的通知	2011. 12. 22	重大专项办公室	晋科重发［2011］143号
4	山西省实施《中华人民共和国科学技术普及法》办法	2008. 3. 16	政策法规处	
5	软科学研究计划管理办法	2009. 11. 17	政策法规处	
6	山西省科普基地认定管理办法	2009. 7. 7	政策法规处	
7	山西省科技创新计划管理办法	2008. 11. 21	政策法规处	
8	高新技术企业认定管理实施办法	2008. 7. 4	政策法规处	
9	山西省促进产业发展重点科技创新项目指南	2008. 7. 3	政策法规处	

续表

序号	名称	发布时间（年.月.日）	信息来源	文号
10	山西省自主创新产品认定管理办法	2008.7.3	政策法规处	
11	关于加强对外科技合作与交流的实施意见	2008.7.3	政策法规处	
12	关于进一步加强科技人才工作的意见	2008.7.3	政策法规处	
13	关于加强知识产权（专利）工作促进技术创新的实施意见	2008.7.3	政策法规处	
14	关于促进创业风险投资发展的若干意见	2008.7.3	政策法规处	
15	关于推进国防科技工业民用产品科技创新的意见	2008.7.3	政策法规处	
16	关于加快科技中介服务业发展的实施意见	2008.7.3	政策法规处	
17	关于省属转制科研院所深化改革促进发展的实施意见	2008.7.3	政策法规处	
18	关于促进企业技术创新增强企业创新主体地位的实施意见	2008.7.3	政策法规处	
19	山西省人民政府办公厅转发省科技厅等部门关于促进企业技术创新增强企业创新主体地位的实施意见等10个文件的通知	2008.7.3	政策法规处	
20	山西省人民政府印发关于加快区域科技创新体系建设的若干意见等3个文件的通知	2008.7.3	政策法规处	
21	中共山西省委山西省人民政府关于加快推进科技进步和创新的决定	2008.7.3	政策法规处	
22	山西省科技成果登记实施细则	2008.3.27	政策法规处	
23	科学技术成果鉴定办法	2008.3.27	政策法规处	
24	科技成果鉴定规程（试行）	2008.3.27	政策法规处	
25	山西省科学技术奖励办法	2008.3.26	政策法规处	

续表

序号	名称	发布时间（年．月．日）	信息来源	文号
26	社会力量设立科学技术奖管理办法	2008. 3. 26	政策法规处	
27	省、部级科学技术奖励管理办法	2008. 3. 26	政策法规处	
28	农业科技成果转化资金项目监理和验收办法	2008. 3. 16	政策法规处	
29	《山西省关于贯彻<国家中长期科学和技术发展规划纲要若干配套政策>的决定》六大亮点	2008. 3. 16	政策法规处	
30	《山西省中长期科技发展规划纲要》解读	2008. 3. 16	政策法规处	
31	科技兴县（市）专项工作管理办法	2008. 3. 16	政策法规处	
32	山西省科技计划管理暂行办法	2008. 3. 16	政策法规处	
33	山西省科学技术研究与开发专项资金管理暂行办法	2008. 3. 16	政策法规处	
34	山西省科学技术进步奖奖励办法实施细则（试行）	2008. 3. 16	政策法规处	
35	山西省科技计划项目评估评审行为准则与督查办法	2008. 3. 16	政策法规处	
36	山西省科技成果登记实施细则	2008. 3. 16	政策法规处	
37	山西省科学技术奖励办法实施细则	2008. 3. 16	政策法规处	
38	山西省高新技术创业服务中心管理办法	2008. 3. 16	政策法规处	
39	山西省工程技术研究中心管理办法	2008. 3. 16	政策法规处	
40	山西省实验动物许可证管理实施细则	2008. 3. 16	政策法规处	
41	山西省自然科学（青年科技研究）基金委员会章程	2008. 3. 16	政策法规处	
42	山西省自然科学（青年科技研究）基金管理办法	2008. 3. 16	政策法规处	
43	山西省重点实验室建设与管理暂行办法	2008. 3. 16	政策法规处	

续表

序号	名称	发布时间（年．月．日）	信息来源	文号
44	山西省民营科技企业认定办法	2008. 3. 16	政策法规处	
45	关于加强和规范科技类民办非企业单位登记审查工作的通知	2008. 3. 16	政策法规处	
46	山西省农村技术承包工作管理办法	2008. 3. 16	政策法规处	
47	山西省专利推广实施资助专项资金管理办法	2008. 3. 16	政策法规处	
48	山西省实施《中华人民共和国科学技术普及法》办法	2008. 3. 16	政策法规处	
49	农业科技成果转化资金项目管理暂行办法	2008. 3. 16	政策法规处	
50	星火计划管理办法	2008. 3. 16	政策法规处	
51	山西省实施《中华人民共和国农业技术推广法》办法	2008. 3. 16	政策法规处	
52	山西省科学技术协会条例	2008. 3. 16	政策法规处	
53	山西省专利实施和保护条例	2008. 3. 16	政策法规处	
54	山西省促进民营科技企业发展条例	2008. 3. 16	政策法规处	
55	山西省高新技术产业发展条例	2008. 3. 16	政策法规处	
56	山西省促进科技成果转化条例	2008. 3. 16	政策法规处	
57	山西省科学技术进步条例	2008. 3. 16	政策法规处	
58	山西省高新技术产业化项目和企业认定办法	2008. 3. 15	政策法规处	
59	山西省专利管理办法	2008. 3. 15	政策法规处	
60	专利代理管理办法	2008. 3. 15	政策法规处	
61	专利行政执法办法	2008. 3. 15	政策法规处	
62	山西省省筹资金资助回国留学人员科研项目及经费管理办法	2008. 03. 06	政策法规处	

从表2-6的情况来看，山西省出台的62项科技政策中，59项政策的发布单位为山西省科技厅政策法规处，3项分别为农业科技处、重大专项办和科研条件与财务处，表明山西省科技厅政策法规处在科技政策制定过程中所发挥的作用非常大，一方面是职责所在，另一方面也是工作业绩较为突出。

另外，山西省科技政策出台是在国家科技政策的指导下完成的，具体表现在：第一，山西省科技厅网站直接链接了国家相关政策，链接的国家相关政策见表2-7。第二，山西省科技厅自己出台的政策有的相对应国家科技政策，是对国家政策的解读和应用，如《山西省实施〈中华人民共和国农业技术推广法〉办法》、《山西省实施〈中华人民共和国科学技术普及法〉办法》、《山西省关于贯彻〈国家中长期科学和技术发展规划纲要若干配套政策〉的决定六大亮点》等，有的是针对国家已有的科技政策出台相对应的山西省科技政策，如《山西省科学技术奖励办法》、《山西省科学技术进步条例》、《〈山西省中长期科技发展规划纲要〉解读》等。也有针对山西省实际情况出台的政策，如《山西省民营科技企业认定办法》、《山西省农村技术承包工作管理办法》、《山西省实验动物许可证管理实施细则》等。

表2-7　山西省科技厅网站链接国家科技政策

中华人民共和国公务员法	中华人民共和国著作权法
中华人民共和国行政许可法	中华人民共和国中小企业促进法
中华人民共和国农业技术推广法	中华人民共和国科学技术普及法
中华人民共和国合同法	中华人民共和国促进科技成果转化法
中华人民共和国政府采购法	中华人民共和国科学技术进步法
中华人民共和国商标法	中华人民共和国中小企业促进法
国家可持续发展实验区管理办法	国家科学技术奖励条例实施细则
国家可持续发展先进示范区管理办法	国家科学技术奖励条例
国家科技支撑计划管理暂行办法	

从整体上来看，在依托国家科技政策，制定地方科技政策方面，山西省科技厅做了很多工作，出台了相关政策，已经形成了相对较为完善的科技政策体系。

2.4.4 山西省高校科技政策的构成

(1) 从中央到地方再到高校，是一种自上而下的科技政策体系

山西省高校科技政策体系的构成，是在我国促进科技政策体系和山西省促进科技政策体系的指导之下构筑的，其中，我国促进科技政策体系从宏观上指导全国各个地区、各个行业、各个部门的科技工作；山西省促进科技政策体系又是在我国促进科技政策体系的指导下，针对山西地方特殊情况制定的，用于从中观上指导山西省各个地区、各个行业、各个部门的科技工作；而山西省高校科技政策体系是在我国促进科技政策体系和山西省促进科技政策体系的指导之下进行的，因此，从我国促进科技政策体系，到山西省促进科技政策体系，再到山西省高校科技政策体系，必然是由上而下的，同时也是各自考虑到各自政策制定和执行的具体情况的，三者之间的关系可以用图2-3描述如下。

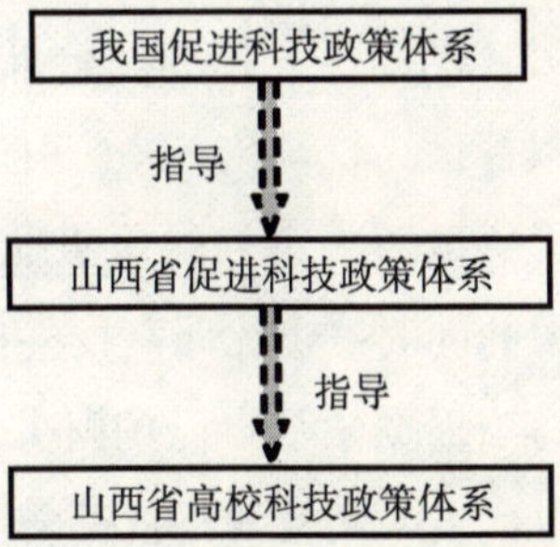

图2-3　自上而下的科技政策体系

(2) 薄弱的山西省高校科技政策体系

在自上而下的科技政策体系当中，山西省高校科技政策体系的建设处于薄弱环节，必须服从我国促进科技政策体系和山西省促进科技政策体系的指导，高校自身的建设虽然是在这些指导之下进行的，能够根据高校自己的具体情况来建设的可行性已经比较小了。如果说还能够有自身决策权力，也就集中在根据自身的财力和物力情况，在国家和地区科技政策体系的框架下，为达到高校自身的科技目标，完成高校自身的科技任务，用以支持和执行国

家和地区科技政策体系而制定的一些科技政策了，这样局限性就比较大，但是可操作性却比较强。

(3) 山西省高校科技政策体系构成的主体

由于山西省高校科技政策体系是在我国促进科技政策体系和山西省促进科技政策体系的指导之下构筑的，因此，山西省高校科技政策体系的构成，必然要与我国促进科技政策体系和山西省促进科技政策体系具有一定的协同力度，这就决定了山西省高校科技政策环境成为山西省高校科技政策体系构成的重要影响因素。

由于高校科技的发展取决于高校科技人才的引进和培养，科技的基础条件之一是人才，缺乏高层次人才，无法实现团队建设，无法完成科研任务，所以，高校科技人才政策的制定和实施，成为山西省高校科技政策体系构成的重要影响因素。由于现阶段山西省各个高校都在进行绩效工资改革，绩效工资改革方案已经出台，这些已经出台的绩效工资改革方案基本上都是构筑在科研基础上的，其实质是对高校现有科技人才在一定时期内的一种评估和考量，也是高校实施科技人才的引进和培养的效果体现，所以，本项目的研究用高校绩效工资改革方案替代高校科技人才的引进和培养政策。

由于有的高校是绩效工资改革方案与科研奖励政策相分离的，所以，在研究高校绩效工资改革方案的同时，也比照高校科技奖励政策的制定与实施，这些科技奖励政策是各个高校根据学校自己的财务实力制定和实施的对科技成果的奖励实施办法，所以代表了高校的科技资金投入政策。

高校在各类政策方面制定的最为完善的，恐怕是科技管理政策。高校管理政策从内涵上来说包括奖励政策、知识产权政策和鼓励国际合作与交流的政策在内；从科研项目的流程来看，包括科技项目的申请、立项、结题、验收、报奖等内容。由于奖励政策还体现了高校的科技投入政策，所以科技管理政策这部分不对奖励政策再做研究。

科技成果的转化关系到科技工作的投入产出问题，最终涉及科技产业化的问题。研究山西高校科技成果转化政策的制定及实效，包括高校的产业政策和产学研结合政策在内，特别是最为产学研结合典型的大学科技园政策。

综上所述，山西省高校科技政策体系构成的主体应该是山西省高校科技政策环境、山西省高校科技人才政策、山西省高校科技资金投入政策、山西省高校科技管理政策、山西省高校科技成果转化政策。其中，环境是支撑，人才是基础，投入是必备，管理是核心，转化是目标。因此，可以把各类主体用图 2-4 表述如下。

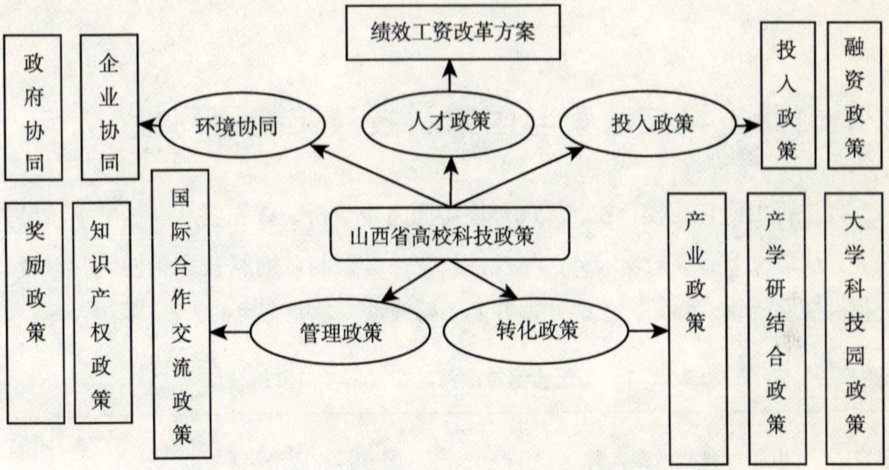

图 2-4　山西省高校科技政策体系构成

根据山西省高校科技政策体系构成图的描述，本项目随后的研究分为五个部分：山西省高校科技政策环境及其协同、山西高校科技人才政策的制定（山西省绩效工资改革方案）、山西高校科技资金政策的制定、山西高校科技管理政策的制定、山西高校科技成果转化政策的制定。

3 山西省高校科技政策环境及其协同

3.1 山西省科技政策与国家科技政策的协同性

要进行山西省高校科技政策的环境协同力度分析。首先要从高校上下游关系入手，从高校上下游关系来看，高校科技政策必须与政府科技政策协同，以及与企业科技发展政策协同，才能处理好上下游关系，才能有生命力。(见表3-1)

表3-1 山西省科技政策与国家科技政策的协同

序号	山西省科技政策名称	国家科技政策名称	省与国家时间比较
1	关于印发《山西省农业科技园区管理办法（试行）》的通知	《国家大学科技园“十二五”发展规划纲要》（2011年）、《国家大学科技园评价指导意见》（2012年）、《关于国家大学科技园有关税收政策问题的通知》（2011年）	2012年
2	关于印发《山西省科技计划项目经费预算评审办法》的通知		2012年
3	关于印发《山西省科技重大专项管理办法》的通知		2011年
4	山西省实施《中华人民共和国科学技术普及法》办法	《中华人民共和国科学技术普及法》	2008年
5	软科学研究计划管理办法		2009年
6	山西省科普基地认定管理办法		2009年

续表

序号	山西省科技政策名称	国家科技政策名称	省与国家时间比较
7	山西省科技创新计划管理办法		2008 年
8	高新技术企业认定管理实施办法	《科技企业孵化器（高新技术创业服务中心）认定和管理办法》（2007 年）、《国家高新技术产业化及环境建设（火炬）“十一五”发展纲要》（2007 年）、《国家高新技术产业开发区“十一五”发展规划纲要》（2007 年）、《关于促进国家高新技术产业开发区进一步发展增强自主创新能力的若干意见》（2007 年）、《关于发挥国家高新技术产业开发区作用促进经济平稳较快发展的若干意见》（2009 年）、《国家高新技术产业开发区税收政策的规定》（1991 年）	2008 年
9	山西省促进产业发展重点科技创新项目指南		2008 年
10	山西省自主创新产品认定管理办法	《关于推动产业技术创新战略联盟构建的指导意见》（2009 年）	2008 年
11	关于加强对外科技合作与交流的实施意见		2008 年
12	关于进一步加强科技人才工作的意见	《国家中长期人才发展规划纲要（2010—2020 年）》（2010 年）	2008 年
13	关于加强知识产权（专利）工作促进技术创新的实施意见	《高等学校知识产权保护管理》（1999 年教育部 3 号令）、《关于国家科研计划项目研究成果知识产权管理的若干规定》（2002 年）、《国家科技计划实施中科研不端行为处理办法（试行）》（2006 年）、	2008 年

续表

序号	山西省科技政策名称	政策名称	省与国家时间比较
		《关于国际科技合作国家科技合作知识产权管理的若干规定》(2006 年)	
14	关于促进创业风险投资发展的若干意见		2008 年
15	关于推进国防科技工业民用产品科技创新的意见	《关于推动产业技术创新战略联盟构建的指导意见》(2009)、《国家自主创新产品认定管理办法》(2007 年)	2008 年
16	关于加快科技中介服务业发展的实施意见		2008 年
17	关于省属转制科研院所深化改革促进发展的实施意见		2008 年
18	关于促进企业技术创新增强企业创新主体地位的实施意见	《关于推动产业技术创新战略联盟构建的指导意见》(2009 年)、《国家自主创新产品认定管理办法》(2007 年)	2008 年
19	山西省人民政府办公厅转发省科技厅等部门关于促进企业技术创新增强企业创新主体地位的实施意见等 10 个文件的通知	《关于推动产业技术创新战略联盟构建的指导意见》(2009 年)、《国家自主创新产品认定管理办法》(2007 年)	2008 年
20	山西省人民政府印发关于加快区域科技创新体系建设的若干意见等 3 个文件的通知	《关于推动产业技术创新战略联盟构建的指导意见》(2009 年)、《国家自主创新产品认定管理办法》(2007 年)	2008 年
21	中共山西省委山西省人民政府关于加快推进科技进步和创新的决定	《中华人民共和国科技进步法》(1993 年制定，2007 年修订)、	2008 年

续表

序号	山西省科技政策名称	政策名称	省与国家时间比较
22	山西省科技成果登记实施细则	《中华人民共和国促进科学成果转化法》（1996 年）、《关于促进科技成果转化的若干规定》（1999 年）	2008 年
23	科学技术成果鉴定办法	《中华人民共和国促进科学成果转化法》（1996 年）、《关于促进科技成果转化的若干规定》（1999 年）	2008 年
24	科技成果鉴定规程（试行）	《中华人民共和国促进科学成果转化法》（1996 年）、《关于促进科技成果转化的若干规定》（1999 年）	2008 年
25	山西省科学技术奖励办法	《国家科学技术奖励条例实施细则》（1999 年）、《中华人民共和国发明奖励条例》（1978 年）、《中华人民共和国自然科学奖励条例》（1979 年）、《中华人民共和国科学技术进步奖励条例》（1984 年）、《国家科学技术奖励条例实施细则》（2009 年）	2008 年
26	社会力量设立科学技术奖管理办法		2008 年
27	省、部级科学技术奖励管理办法	《国家科学技术奖励条例实施细则》（1999 年）、《中华人民共和国发明奖励条例》（1978 年）、《中华人民共和国自然科学奖励条例》（1979 年）、《中华人民共和国科学技术进步奖励条例》（1984 年）、《国家科学技术奖励条例实施细则》（2009 年）	2008 年

续表

序号	山西省科技政策名称	政策名称	省与国家时间比较
28	农业科技成果转化资金项目监理和验收办法	《中华人民共和国促进科学成果转化法》（1996 年）、《关于促进科技成果转化的若干规定》（1999 年）	2008 年
29	《山西省关于贯彻<国家中长期科学和技术发展规划纲要若干配套政策>的决定》六大亮点	《国家中长期科学和技术发展规划纲要（2006—2020 年）》（2006 年）	2008 年
30	《山西省中长期科技发展规划纲要》解读	《国家中长期科学和技术发展规划纲要（2006—2020 年）》（2006 年）	2008 年
31	科技兴县（市）专项工作管理办法		2008 年
32	山西省科技计划管理暂行办法	《关于国家科研计划项目研究成果知识产权管理的若干规定》（2002 年）、《教育部关于进一步加强高校科研项目管理的意见》	2008 年
33	山西省科学技术研究与开发专项资金管理暂行办法		2008 年
34	山西省科学技术进步奖奖励办法实施细则（试行）	《国家科学技术奖励条例实施细则》（1999 年）、《中华人民共和国发明奖励条例》（1978 年）、《中华人民共和国自然科学奖励条例》（1979 年）、《中华人民共和国科学技术进步奖励条例》（1984 年）、《国家科学技术奖励条例实施细则》（2009 年）	2008 年
35	山西省科技计划项目评估评审行为准则与督查办法	《国家科技计划项目评估评审准则督查办法》	2008 年

续表

序号	山西省科技政策名称	政策名称	省与国家时间比较
36	山西省科技成果登记实施细则		2008 年
37	山西省科学技术奖励办法实施细则	《国家科学技术奖励条例实施细则》（1999 年）、《中华人民共和国发明奖励条例》（1978 年）、《中华人民共和国自然科学奖励条例》（1979 年）、《中华人民共和国科学技术进步奖励条例》（1984 年）、《国家科学技术奖励条例实施细则》（2009 年）	2008 年
38	山西省高新技术创业服务中心管理办法	《科技企业孵化器（高新技术创业服务中心）认定和管理办法》（2007 年）、《国家高新技术产业化及环境建设（火炬）“十一五”发展纲要》（2007 年）、《国家高新技术产业开发区“十一五”发展规划纲要》（2007 年）、《关于促进国家高新技术产业开发区进一步发展增强自主创新能力的若干意见》（2007 年）、《关于发挥国家高新技术产业开发区作用促进经济平稳较快发展的若干意见》（2009 年）、《国家高新技术产业开发区税收政策的规定》（1991 年）	2008 年
39	山西省工程技术研究中心管理办法	《国家工程研究中心管理办法》、《国家工程中心评价指标》《国家工程技术研究中心暂行管理办法》《国家工程技术研究中心申报基本条件》	2008 年

续表

序号	山西省科技政策名称	政策名称	省与国家时间比较
40	山西省实验动物许可证管理实施细则		2008 年
41	山西省自然科学（青年科技研究）基金委员会章程	《国家自然科学基金重点项目管理办法》《国家自然科学基金项目资助经费管理办法》《国家自然科学基金面上项目管理办法》、《国家杰出青年科学基金项目资助经费管理办法》	2008 年
42	山西省自然科学（青年科技研究）基金管理办法	《国家自然科学基金重点项目管理办法》《国家自然科学基金项目资助经费管理办法》《国家自然科学基金面上项目管理办法》、《国家杰出青年科学基金项目资助经费管理办法》	2008 年
43	山西省重点实验室建设与管理暂行办法		2008 年
44	山西省民营科技企业认定办法		2008 年
45	关于加强和规范科技类民办非企业单位登记审查工作的通知		2008 年
46	山西省农村技术承包工作管理办法		2008 年
47	山西省专利推广实施资助专项资金管理办法	《专利实施许可合同备案管理办法》《专利合作条约》《专利行政执法办法》	2008 年
48	山西省实施《中华人民共和国科学技术普及法》办法	《中华人民共和国农业技术推广法》《中华人民共和国科学技术普及法》	2008 年
49	农业科技成果转化资金项目管理暂行办法		2008 年

续表

序号	山西省科技政策名称	政策名称	省与国家时间比较
50	星火计划管理办法		2008年
51	山西省实施《中华人民共和国农业技术推广法》办法	《中华人民共和国农业技术推广法》《中华人民共和国科学技术普及法》	2008年
52	山西省科学技术协会条例		2008年
53	山西省专利实施和保护条例	《中华人民共和国专利法》（2000年）、《专利实施许可合同备案管理办法》《专利合作条约》《专利行政执法办法》	2008年
54	山西省促进民营科技企业发展条例		2008年
55	山西省高新技术产业发展条例	《科技企业孵化器（高新技术创业服务中心）认定和管理办法》（2007年）、《国家高新技术产业化及环境建设（火炬）“十一五”发展纲要》（2007年）、《国家高新技术产业开发区“十一五”发展规划纲要》（2007年）、《关于促进国家高新技术产业开发区进一步发展增强自主创新能力的若干意见》（2007年）、《关于发挥国家高新技术产业开发区作用促进经济平稳较快发展的若干意见》（2009年）、《国家高新技术产业开发区税收政策的规定》（1991年）	2008年
56	山西省促进科技成果转化条例	《中华人民共和国促进科学成果转化法》（1996年）、《关于促进科技成果转化的若干规定》（1999年）、《国家科技企业孵化器“十二五”发展规划》（2013年）	2008年
57	山西省科学技术进步条例	《中华人民共和国科技进步法》（1993年制定，2007年修订）	2008年

续表

序号	山西省科技政策名称	政策名称	省与国家时间比较
58	山西省高新技术产业化项目和企业认定办法	《科技企业孵化器（高新技术创业服务中心）认定和管理办法》（2007 年）、《国家高新技术产业化及环境建设（火炬）“十一五”发展纲要》（2007 年）、《国家高新技术产业开发区“十一五”发展规划纲要》（2007 年）、《关于促进国家高新技术产业开发区进一步发展增强自主创新能力的若干意见》（2007 年）、《关于发挥国家高新技术产业开发区作用促进经济平稳较快发展的若干意见》（2009 年）、《国家高新技术产业开发区税收政策的规定》（1991 年）	2008 年
59	山西省专利管理办法	《中华人民共和国专利法》（2000 年）、《专利实施许可合同备案管理办法》《专利合作条约》《专利行政执法办法》	2008 年
60	专利代理管理办法	《中华人民共和国专利法》（2000 年）、《专利实施许可合同备案管理办法》《专利合作条约》《专利行政执法办法》	2008 年
61	专利行政执法办法	《中华人民共和国专利法》（2000 年）、《专利实施许可合同备案管理办法》《专利合作条约》《专利行政执法办法》	2008 年
62	山西省省筹资金资助回国留学人员科研项目及经费管理办法		2008 年
63	山西省科学技术奖励办法	《国家科学技术奖励条例实施细则》（1999 年）、《中华人民共和国发明奖励条例》（1978 年）、《中华人民共和国自然科学奖励条例》（1979 年）、《中华人民共和国科学技术进步奖励条例》（1984 年）、《国家科学技术奖励条例实施细则》（2009 年）	2008 年

从表3-1可以看，山西省科技政策的出台与国家相关科技政策的出台有非常大的关联性和协同性，绝大部分政策都是在国家相关政策出台之后，山西省才在国家政策指导下，制定山西省的相关地方政策，这部分政策所占的比例比较高。有些政策更是山西省直接把国家政策搬过来使用，如《中华人民共和国农业技术推广法》和《中华人民共和国科学技术普及法》。也有部分科技政策是山西省针对地方经济发展情况自己制定的，如《山西省农村技术承包工作管理办法》等。

3.2 山西省工科院校科技政策与政府科技政策的协同性

3.2.1 山西省工科院校链接科技政策情况

山西省有本科院校20个，其中老八所院校8个，新建本科院校12个。无论是从资金、校舍、人员、设备、科研项目来看，还是从其他方面来看，政府对高校的投入都是有一定数量的。有投入就有产出，特别是科技投入，如果不能带来一定的产出，投入就是一种浪费。本项目的研究，从高校科技政策体系建设入手，分析高校科技政策带来的实效，并提出建设性建议，为高校科技政策的制定和执行提供决策依据。

在山西省现有20个本科院校当中，工科院校有4所，分别是太原理工大学、太原科技大学、中北大学、太原工业学院，我们选择工科院校为样本做研究，是因为工科院校更容易实现产学研结合，更容易体现应用型人才培养。分别登录工科院校科技处网站，检索网站链接的科技政策，这些政策包括各个工科院校自己制定的科技政策、山西省以及国家各个部委的科技政策，通过链接政策的数量以及涉及的内涵，分析高校与政府科技政策的协同性是否具有，程度有多大，协同在什么地方，效果如何。

由于中北大学科技处网站没有链接任何科技政策，所以最终选定的样本高校有三所，分别是太原理工大学、太原科技大学、太原工业学院。

太原理工大学、太原科技大学、太原工业学院三所工科院校科技处网站公开的科技政策信息可分为三大类：各个高校自制科技政策、链接的山西省科技政策、链接的国家各部委政策。三大类政策的链接一览见表3-2。

表 3–2　山西省工科院校科技处链接科技政策一览

院校	自制科技政策	山西省科技政策	国家各部委科技政策
太原理工大学	《太原理工大学科技项目经费管理办法》《太原理工大学科技工作奖励办法（试行）》《太原理工大学专利申报资助专项基金管理办法（试行）》《太原理工大学资助教职工出国（境）参加国际学术会议暂行办法》《太原理工大学重点实验室建设与运行管理办法（试行）》《太原理工大学校基金项目管理办法（试行）》《科技处网站信息发布管理制度》（7）	《山西省重点实验室名单》《山西省工程技术研究中心管理办法》《山西省工程技术研究中心名单》《山西省工程技术研究中心项目建议书编写大纲、项目可行性论证报告》《山西省重点实验室建设管理办法》《山西省科技厅基础研究重点实验室办事流程》《山西省重点实验室建设申请报告（格式）》《山西省重点实验室建设目标任务书（格式）》《山西省高等学校优秀青年学术带头人支持计划实施办法》《山西省高等学校中青年拔尖创新人才支持计划实施办法》《山西省高等学校优秀创新团队支持计划实施办法》《山西省工程实验室管理办法》《山西省工程研究中心管理办法》《山西省国际科技合作基地认定与管理办法》《普通高等学校人文社会科学重点研究中心管理办法》《山西	《教育部科学技术研究重点项目管理办法》《国家自然科学基金重点项目管理办法》《国家自然科学基金项目资助经费管理办法》《国家自然科学基金面上项目管理办法》《国家重点基础研究发展规划项目管理暂行办法》《国家杰出青年科学基金项目资助经费管理办法》《国家基础科学人才培养基金项目资助经费管理办法》《高等学校博士学科点专项科研基金暂行管理办法（草案）》《国家高技术研究发展计划（863 计划）管理办法》《高等学校骨干教师资助计划项目管理实施细则》《高等学校骨干教师资助计划实施管理办法》《国家重点实验室建设与管理暂行办法》《中华人民共和国合同法》《计算机软件保护条例》《中华人民共和国农业技术推广法》《中华人民共和国科学技术普及法》《省部共建国家重点实验室培育基地简介》《国家工程研究中心管理办

续表

院校	自制科技政策	山西省科技政策	国家各部委科技政策
		省国际科技合作基地认定与管理办法》《普通高等学校人文社会科学重点研究基地管理办法》《高等学校优秀创新团队支持计划实施办法》《高等学校优秀青年学术带头人支持计划实施办法》《高等学校中青年拔尖创新人才支持计划实施办法》《高等学校科技创新项目管理办法》《高等学校科学研究优秀成果奖（科学技术）奖励办法》《高等学校人文社会科学重点研究基地管理办法》《高等学校哲学社会科学研究项目管理办法》《山西省大型科学仪器协作共用暂行管理办法》《山西省科技重大专项管理办法》《山西省高等学校科研经费管理办法》《山西省高等学校学风建设实施细则》（26）	法》《国家工程研究中心申请报告编制提纲》《国家工程中心评价指标》《国家工程技术研究中心暂行管理办法》《国家工程技术研究中心申报基本条件》《国家工程技术研究中心项目建议书编写大纲》《国家重点实验室建设与运行管理办法》《教育部工程研究中心建设与管理暂行办法》（附项目报告、总结报告、验收评估大纲）《教育部重点实验室名单（2010 年）》《教育部重点实验室申报程序》《教育部重点实验室建设申请书》《2009 年度教育部重点实验室申报方向指南》《教育部重点实验室建设计划论证工作有关要求》《教育部重点实验室评估规则》《教育部创新团队支持办法》《"新世纪优秀人才支持计划"实施办法》《高等学校重点实验室建设与管理暂行办法》《卫生部重点实验室管理办法》《国家环境保护重点实验室管理办法》《农业部重点实验室管理办法》《水利部重点实验室建设与管理暂行办法》《水利部工

续表

院校	自制科技政策	山西省科技政策	国家各部委科技政策
			程技术研究中心建设与管理暂行办法》《国家重点实验室名单》《国家重点实验室申报流程》《国家重点实验室建设申请报告》《国家重点实验室评估规则》《国家工程实验室管理办法（试行）》《国家国际科技合作基地管理办法》《国防科技重点实验室管理办法》《国防重点学科实验室管理办法》《国家科技计划项目（课题）预算管理问答》《教育部关于进一步加强高校科研项目管理的意见》(49)
太原科技大学	《太原重型机械学院博士启动基金管理办法》《太原重型机械学院学术论文认定标准》《太原重型机械学院人文科学、社会科学和软科学课题管理办法》《太原重型机械学院科研机构管理办法（讨论稿）》《太原重型机械学院科技经费管理规定》《太原重型机械学院科技奖励办法》《太原重型机械学院国家级科技项目资金配套办法》《太原重型机械学院工作量计算办法》《太原科技		《最高法就网络著作权纠纷法律问题的解释全文》《专利实施许可合同备案管理办法》《专利合作条约》《专利行政执法办法》《著作权行政处罚实施办法》《中华人民共和国专利法》《中华人民共和国著作权法实施条例》《中华人民共和国著作权法（最新）》《中华人民共和国专利法实施细则》《中国高校科学技术奖励暂行办法实施细则》《软科学研究成果评审办法》《科学技术成果鉴定办法》《科技成果鉴定规程（试行）》

续表

院校	自制科技政策	山西省科技政策	国家各部委科技政策
	大学关于对使用科研经费购买实验仪器设备进行经费配套的若干规定》《太原科技大学关于对科研成果转化为本科教材内容进行奖励的规定》《太原科技大学产学研董事会章程［草案］》(11)		《科技成果登记办法》《科技查新机构管理办法》《教育部优秀青年教师资助计划实施办法》《教育部科学技术进步奖（应用类）评审标准》《教育部科学技术进步奖（推广类）暂行规定》《教育部科学技术进步奖（基础类）评审标准》《教育部科学技术进步奖（发明类）暂行规定》《教育部科技成果登记办法实施细则》《计算机软件著作权登记办法》《计算机软件保护条例》《霍英东教育基金会高等院校青年教师基金》《国家知识产权局规章制定程序的规定》《国家科学技术奖评审行为准则与督查暂行办法》《国家科技计划项目评估评审准则督查办法》《国家科技计划项目承担人员管理暂行办法》《国际承认用于专利程序的微生物保存布达佩斯条约》《关于专利实施许可合同管理的若干规定》《关于加强国家科技计划成果管理的暂行规定》《关于加强高校科技成果登

续表

院校	自制科技政策	山西省科技政策	国家各部委科技政策
			记工作的通知》《关于加强企业专利工作的规定》《最高人民法院关于适用〈全国人民代表大会常务委员会关于惩治侵犯著作权的犯罪的决定〉若干问题的解释》《高等学校优秀青年教师教学科研奖励计划实施办法》(36)
太原工业学院	《太原工业学院科研项目延期结题（撤题）申请书》《太原工业学院科研项目结题报告》《太原工业学院院级科学基金项目资助管理暂行办法》(3)	《关于进一步加强市级科技项目经费管理的通知》《太原市科技项目管理办法》《太原市科技计划管理办法》《太原市级工程技术中心管理办法（暂行)》 《太原市“科技奖”表彰办法》《太原地区“一网两库”科技服务平台共建共享管理暂行办法》《山西省高等学校哲学社会科学研究项目管理办法》《山西省高等学校优秀青年学术带头人支持计划实施办法》《山西省高等学校中青年拔尖创新人才支持计划实施办法》《山西省高等学校优秀创新团队支持	《关于加强和改进国家社会科学基金项目成果鉴定结项工作的意见》《国家自然科学基金重点项目管理办法（修订草案)》《国家自然科学基金重点项目管理办法》《国家自然科学基金青年科学基金项目管理办法（草案)》《国家自然科学基金面上项目管理办法》《国家自然科学基金国家（地区）合作研究项目管理办法》《国家自然科学基金地区科学基金项目管理办法（草案)》《国家社会科学基金项目经费管理办法》《国家社会科学基金项目管理办法》《国家社会科学基金后期资助项目实施办法》

续表

院校	自制科技政策	山西省科技政策	国家各部委科技政策
		计划实施办法》《山西高校科技研究开发项目管理办法》（11）	《国家杰出青年科学基金项目管理办法（修订稿）》《国家自然科学基金委员会监督委员会章程》（12）

从表 3–3 中可以看出山西省工科院校科技处链接科技政策数量总体情况，太原科技大学比较关注自制科技政策，自制科技政策 11 项，居于三所院校之首，但是对山西省科技政策的关注程度不够，没有链接任何山西省科技政策信息。太原工业学院在科技政策各个方面几乎还没有什么较为完整的信息链接，在三所院校里面比较弱。而太原理工大学相比较而言，是三所院校里面综合链接度最好的院校，但是在自制科技政策方面还需要进一步加强。

从协同性来看，国家各部委出台的科技政策比较多，山西省出台的科技政策相比较而言就有弱化趋势，而高校的自制科技政策比山西省科技政策还有弱化趋势，因此，高校需要在科技政策制定方面紧跟国家与地方的步伐，增加相关配套政策的制定。

表 3–3　山西省工科院校科技处链接科技政策链接数量总体情况

院校名称	自制科技政策	省级科技政策	国家各部委科技政策
太原理工大学	7	26	49
太原科技大学	11		36
太原工业学院	3	11	12

3.2.2 山西省工科院校自制科技政策情况

表 3–4　山西省工科院校科技处自制科技政策比较

院校	数量	自制政策	关键词
太原理工大学	7	《太原理工大学科技项目经费管理办法》《太原理工大学科技工作奖励办法（试行)》《太原理工大学专利申报资助专项基金管理办法（试行)》《太原理工大学资助教职工出国（境）参加国际学术会议暂行办法》《太原理工大学重点实验室建设与运行管理办法（试行)》《太原理工大学校基金项目管理办法（试行)》《科技处网站信息发布管理制度》	项目经费 科技奖励 专利资助 会议资助 实验室
太原科技大学	11	《太原重型机械学院博士启动基金管理办法》《太原重型机械学院学术论文认定标准》《太原重型机械学院人文科学、社会科学和软科学课题管理办法》《太原重型机械学院科研机构管理办法（讨论稿)》《太原重型机械学院科技经费管理规定》《太原重型机械学院科技奖励办法》《太原重型机械学院国家级科技项目资金配套办法》《太原重型机械学院工作量计算办法》《太原科技大学关于对使用科研经费购买实验仪器设备进行经费配套的若干规定》《太原科技大学关于对科研成果转化为本科教材内容进行奖励的规定》《太原科技大学产学研董事会章程［草案]》	基金管理 学术规范 项目管理 科技奖励 资金配套 仪器设备 成果转化 产学研
太原工业学院	3	《太原工业学院科研项目延期结题（撤题）申请书》《太原工业学院科研项目结题报告》《太原工业学院院级科学基金项目资助管理暂行办法》	项目管理

从表 3–4 山西省工科院校科技处自制科技政策情况来看，太原理工大学有 7 个，太原科技大学有 11 个，太原工业学院有 3 个。其中，太原工业学院的 3 个涉及项目管理，还是校级项目管理申请、结题、经费方面的，无论是从数量和质量还是从涉及内容来讲，都是比较薄弱的，这与该校是新建本科

院校关联度比较高，还有待进一步发展。

从政策制定的关键词来看政策涉及内容，太原理工大学关键词为项目经费、科技奖励、专利资助、会议资助、实验室建设。太原科技大学为基金管理、学术规范、项目管理、科技奖励、资金配套、仪器设备、成果转化、产学研。表明一个问题，就是这两所学校科技政策制定的侧重点不同。

太原理工大学的科技政策比较关注专利申请与授权，所以出台了《太原理工大学专利申报资助专项基金管理办法（试行）》；也注重教职工国际学术交流活动的参与，所以出台了《太原理工大学资助教职工出国（境）参加国际学术会议暂行办法》；对实验室建设也比较关注，所以出台了《太原理工大学重点实验室建设与运行管理办法（试行）》。

太原科技大学的科技政策比较关注学术规范，出台了《太原重型机械学院学术论文认定标准》；也关注科研经费购买仪器设备的情况，出台了《太原科技大学关于对使用科研经费购买实验仪器设备进行经费配套的若干规定》；对成果转化和产学研结合十分关注，所以出台了《太原科技大学关于对科研成果转化为本科教材内容进行奖励的规定》和《太原科技大学产学研董事会章程［草案］》，只不过成果转化和产学研结合政策还没有涉及产业化。此外，太原科技大学对实验室建设相关政策的关注度有所缺失。

3.2.3 山西省工科院校政府科技政策链接情况

（1）省级科技政策链接情况

除了自制的科技政策，山西省工科院校科技处有政府相关科技政策的链接，这些链接政策涉及的内容可以表征山西省工科院校科技处对政府相关科技政策的关注点以及重视程度，因为关注，因为重视，所以链接。在这个假设条件下，我们搜集山西省工科院校科技处政府相关科技政策链接信息，分别从山西省科技政策链接信息和国家各部委科技政策链接信息两个方面，列表3-5如下。

表 3-5　山西省工科院校科技处省级科技政策链接比较

院校	数量	链接山西省科技政策	关键词
太原理工大学	26	《山西省重点实验室名单》《山西省工程技术研究中心管理办法》《山西省工程技术研究中心名单》《山西省工程技术研究中心项目建议书编写大纲、项目可行性论证报告》《山西省重点实验室建设管理办法》《山西省科技厅基础研究重点实验室办事流程》《山西省重点实验室建设申请报告（格式）》《山西省重点实验室建设目标任务书（格式）》《山西省高等学校优秀青年学术带头人支持计划实施办法》《山西省高等学校中青年拔尖创新人才支持计划实施办法》《山西省高等学校优秀创新团队支持计划实施办法》《山西省工程实验室管理办法》《山西省工程研究中心管理办法》《山西省国际科技合作基地认定与管理办法》《普通高等学校人文社会科学重点研究基地管理办法》《高等学校科技创新项目管理办法》《高等学校科学研究优秀成果奖（科学技术）奖励办法》《高等学校人文社会科学重点研究基地管理办法》《高等学校哲学社会科学研究项目管理办法》《山西省大型科学仪器协作共用暂行管理办法》《山西省科技重大专项管理办法》《山西省高等学校科研经费管理办法》《山西省高等学校学风建设实施细则》	实验室 工程中心 带头人 创新团队 国际合作 创新项目 成果报奖 仪器共享 基地建设 专项管理 经费管理 学风建设
太原工业学院	11	《关于进一步加强市级科技项目经费管理的通知》《太原市科技项目管理办法》《太原市科技计划管理办法》《太原市级工程技术中心管理办法（暂行）》《太原市“科技奖”表彰办法》《太原地区“一网两库”科技服务平台共建共享管理暂行办法》《山西省高等学校哲学社会科学研究项目管理办法》《山西省高等学校优秀青年学术带头人支持计划实施办法》《山西省高等学校中青年拔尖创新人才支持计划实施办法》《山西省高等学校优秀创新团队支持计划实施办法》《山西高校科技研究开发项目管理办法》	市级政策 带头人 创新团队 项目管理

在山西省工科院校科技处省级科技政策链接信息搜集时，太原科技大学科技处网站没有链接山西省科技政策，可能该校科技工作的关注点在国家各部委上，对于山西省政府部门科技政策的关注度不高，从科技政策要满足地域性、为地方经济服务的角度来看，有所缺失。

从数量上来看，太原理工大学链接山西省相关科技政策比较多，有26个；太原工业学院链接山西省相关科技政策比较少，有11个，其中真正是省级相关政策的只有5个，还是来自教育厅的科技政策，没有科技厅出台的科技政策，其余都是来自太原市科技局的政策，表明太原工业学院对山西省科技政策的关注度比较低，没关注点，也存在一定问题。

从政策关注的内容来看，太原理工大学链接山西省科技政策的关键词为实验室、工程中心、带头人、创新团队、国际合作、创新项目、成果报奖、仪器共享、基地建设、专项管理、经费管理、学风建设，这些关键词几乎涉及一个工科院校科技管理工作的各个方面，关注点集中在几个方面：第一，工科院校应该重视的实验室和工程技术中心以及相关仪器设备。第二，学科带头人和团队培养以及基地建设。第三，国际合作交流。第四，学风建设。其中，如果说有所不足，就是学风建设的科技政策是链接山西省政府部门的，学校自己没有相关科技政策出台。

（2）各部委科技政策链接情况（见表3-6）

表3-6　山西省工科院校国家各部委科技政策链接比较

院校	数量	链接政策	关键词
太原理工大学	49	《教育部科学技术研究重点项目管理办法》《国家自然科学基金重点项目管理办法》《国家自然科学基金项目资助经费管理办法》《国家自然科学基金面上项目管理办法》《国家重点基础研究发展规划项目管理暂行办法》《国家杰出青年科学基金项目资助经费管理办法》《国家基础科学人才培养基金项目资助经费管理办法》《高等学校博士学科点专项科研基金暂行管理办法（草案）》《国家高技术研究发展计划（863计划）管理办法》《高等学校骨干教师资助计划项目管理实施细则》《高等学校骨干教师资	项目管理 项目经费 专项基金 发展计划 教师资助 实验室 工程中心 技术推广 创新团队

续表

院校	数量	链接政策	关键词
		助计划实施管理办法》《国家重点实验室建设与管理暂行办法》《中华人民共和国合同法》《计算机软件保护条例》《中华人民共和国农业技术推广法》《中华人民共和国科学技术普及法》《省部共建国家重点实验室培育基地简介》《国家工程研究中心管理办法》《国家工程研究中心申请报告编制提纲》《国家工程中心评价指标》《国家工程技术研究中心暂行管理办法》《国家工程技术研究中心申报基本条件》《国家工程技术研究中心项目建议书编写大纲》《国家重点实验室建设与运行管理办法》《教育部工程研究中心建设与管理暂行办法（附项目报告、总结报告、验收评估大纲）》《教育部重点实验室名单(2010)》《教育部重点实验室申报程序》《教育部重点实验室建设申请书》《2009年度教育部重点实验室申报方向指南》《教育部重点实验室建设计划论证工作有关要求》《教育部重点实验室评估规则》《教育部创新团队支持办法》《“新世纪优秀人才支持计划”实施办法》《高等学校重点实验室建设与管理暂行办法》《卫生部重点实验室管理办法》《国家环境保护重点实验室管理办法》《农业部重点实验室管理办法》《水利部重点实验室建设与管理暂行办法》《水利部工程技术研究中心建设与管理暂行办法》《国家重点实验室名单》《国家重点实验室申报流程》《国家重点实验室建设申请报告》《国家重点实验室评估规则》《国家工程实验室管理办法（试行）》《国家国际科技合作基地管理办法》《国防科技重点实验室管理办法》《国防重点学科实验室管理办法》《国家科技计划项目（课题）预算管理问答》《教育部关于进一步加强高校科研项目管理的意见》	人才支持 卫生部 水利部 农业部 国际合作 经费预算

续表

院校	数量	链接政策	关键词
太原科技大学	36	《最高法就网络著作权纠纷法律问题的解释全文》《专利实施许可合同备案管理办法》《专利合作条约》《专利行政执法办法》《著作权行政处罚实施办法》《中华人民共和国专利法》《中华人民共和国著作权法实施条例》《中华人民共和国著作权法（最新）》《中华人民共和国专利法实施细则》《中国高校科学技术奖励暂行办法实施细则》《软科学研究成果评审办法》《科学技术成果鉴定办法》《科技成果鉴定规程（试行）》《科技成果登记办法》《科技查新机构管理办法》《教育部优秀青年教师资助计划实施办法》《教育部科学技术进步奖（应用类）评审标准》《教育部科学技术进步奖（推广类）暂行规定》《教育部科学技术进步奖（基础类）评审标准》《教育部科学技术进步奖（发明类）暂行规定》《教育部科技成果登记办法实施细则》《计算机软件著作权登记办法》《计算机软件保护条例》《霍英东教育基金会高等院校青年教师基金及青年教》《国家知识产权局规章制定程序的规定》《国家科学技术奖评审行为准则与督查暂行办法》《国家科技计划项目评估评审准则督查办法》《国家科技计划项目承担人员管理暂行办法》《国际承认用于专利程序的微生物保存布达佩斯条约》《关于专利实施许可合同管理的若干规定》《关于加强国家科技计划成果管理的暂行规定》《关于加强高校科技成果登记工作的通知》《关于加强企业专利工作的规定》《最高人民法院关于适用〈全国人民代表大会常务委员会关于惩治侵犯著作权的犯罪的决定〉若干问题的解释》《高等学校优秀青年教师教学科研奖励计划实施办法》	著作纠纷 专利合同 著作权 专利法 科技奖励 成果评审 成果鉴定 成果登记 科技查新 人员管理 合同管理 科技计划

续表

院校	数量	链接政策	关键词
太原工业学院	12	《关于加强和改进国家社会科学基金项目成果鉴定结项工作的意见》《国家自然科学基金重点项目管理办法（修订草案）》《国家自然科学基金重点项目管理办法》《国家自然科学基金青年科学基金项目管理办法（草案）》《国家自然科学基金面上项目管理办法》《国家自然科学基金国家（地区）合作研究项目管理办法》《国家自然科学基金地区科学基金项目管理办法（草案）》《国家社会科学基金项目经费管理办法》《国家社会科学基金项目管理办法》《国家社会科学基金后期资助项目实施办法》《国家杰出青年科学基金项目管理办法（修订稿）》《国家自然科学基金委员会监督委员会章程》	项目管理

从数量上来看山西省工科院校国家各部委科技政策链接情况，太原理工大学 49 个，太原科技大学 36 个，太原工业学院 12 个，表明太原理工大学重视对国家各部委科技政策的链接，太原工业学院不太重视。

从链接的部委情况来看，太原理工大学和太原科技大学基本上以教育部和科技部为主，同时又各具特色。

太原理工大学注重于教育部和科技部之外的部委出台的科技政策，包括卫生部、水利部、农业部等部委的科技政策，例如《卫生部重点实验室管理办法》、《农业部重点实验室管理办法》、《水利部重点实验室建设与管理暂行办法》、《水利部工程技术研究中心建设与管理暂行办法》等，表明太原理工大学注重与这些部委的合作交流。

太原科技大学在教育部和科技部科技政策之外则重视对最高人民法院出台的知识产权方面的科技政策，链接了最高人民法院出台的《最高法就网络著作权纠纷法律问题的解释全文》、《最高人民法院关于适用〈全国人民代表大会常务委员会关于惩治侵犯著作权的犯罪的决定〉若干问题的解释》、《著作权行政处罚实施办法》等科技政策，表明太原科技大学注重对学术的规范性。

太原工业学院则只注重对国家自然基金委出台的相关政策的链接，关注范围单一，表明该校的科技管理和科学研究都存在较大的局限性。

从关键词角度来看链接科技政策的内容，太原理工大学和太原科技大学都注重对科技计划和科技奖励政策的链接，同时又各具特色。

太原理工大学比较关注实验室建设，特别关注各部委实验室建设相关政策和工程技术研究中心相关政策，链接了《国家工程技术研究中心申报基本条件》《国家工程技术研究中心项目建议书编写大纲》、《国家重点实验室建设与运行管理办法》、《教育部工程研究中心建设与管理暂行办法（附项目报告、总结报告、验收评估大纲）》、《教育部重点实验室名单（2010）》、《教育部重点实验室申报程序》、《教育部重点实验室建设申请书》、《2009 年度教育部重点实验室申报方向指南》、《教育部重点实验室建设计划论证工作有关要求》、《教育部重点实验室评估规则》、《高等学校重点实验室建设与管理暂行办法》、《卫生部重点实验室管理办法》、《国家环境保护重点实验室管理办法》、《农业部重点实验室管理办法》、《水利部重点实验室建设与管理暂行办法》、《水利部工程技术研究中心建设与管理暂行办法》、《国家重点实验室名单》、《国家重点实验室申报流程》、《国家重点实验室建设申请报告》、《国家重点实验室评估规则》、《国家工程实验室管理办法（试行）》、《国家国际科技合作基地管理办法》、《国防科技重点实验室管理办法》、《国防重点学科实验室管理办法》等科技政策，此外，太原理工大学关注团队建设和尖端人才，链接了《教育部创新团队支持办法》和《“新世纪优秀人才支持计划”实施办法》相关科技政策。

太原科技大学比较关注知识产权政策链接，除了上述著作权相关政策之外，还链接了专利和科技成果方面的相关政策，如《国际承认用于专利程序的微生物保存布达佩斯条约》、《专利实施许可合同备案管理办法》、《专利合作条约》、《专利行政执法办法》、《中华人民共和国专利法》、《国家科技计划项目评估评审准则督查办法》、《国家科技计划项目承担人员管理暂行办法》、《软科学研究成果评审办法》、《科学技术成果鉴定办法》、《科技成果鉴定规程（试行）》、《科技成果登记办法》、《科技查新机构管理办法》等科技政策。

3.3 山西省工科院校科技政策协同的实效

3.3.1 基于工程技术研究中心的实效

从高校省级工程技术研究中心建立情况看山西工科院校在工程技术研究方面取得的实效。截至2008年，山西省已经建立了43个省级工程技术研究中心。具体见表3-7。

表3-7 山西省工科院校省级工程技术研究中心情况

年份	数量	工程中心	依托单位
1999	5	山西省新材料工程技术研究中心	太原理工大学
		山西省机械电子工程技术研究中心	太原理工大学
		山西省光电工程技术研究中心	山西大学
		山西省生物工程技术研究中心	山西大学
		山西省集成精密成形工程研究技术中心	华北工学院
2002	4	山西省功能材料工程技术研究中心	山西大学
		山西省测控技术与新型传感器工程技术研究中心	太原理工大学
		山西省现代轧制工程技术研究中心	太原重型机械学院
		山西省现代无损检测工程技术研究中心	华北工学院
2003	3	山西省新药工程技术研究中心	山西医科大学
		山西省超细粉体工程技术研究中心	华北工学院
		山西省中医药现代工程技术研究中心	山西医科大学
2004	8	山西省中药材 GAP 工程技术研究中心	山西大学
		山西省煤转化工程技术研究中心	太原理工大学
		山西省安全工程技术研究中心	太原理工大学
		山西省绿色生物农药工程技术研究中心	山西农业大学
		山西省食用菌工程技术研究中心	山西农业大学
		山西省自动化工程技术研究中心	太原科技大学
		山西省微米纳米工程技术研究中心	华北工学院
		山西省超重力化工工程技术研究中心	华北工学院

续表

年份	数量	工程中心	依托单位
2005	7	山西省电池新材料工程技术研究中心	山西师范大学
		山西省高分子复合材料工程技术研究中心	中北大学
		山西省铸造新工艺工程技术研究中心	中北大学
		山西省镁及镁合金工程技术研究中心	太原科技大学
		山西省不锈钢工程技术研究中心	太原钢铁集团有限公司
		山西省矿山流体控制工程技术研究中心	太原理工大学
		山西省煤矿采掘设备工程技术研究中心	煤炭科学研究总院太原分院
2006	6	山西省工业废弃物处理与资源化工程技术研究中心	山西大学
		山西省绿色矿山工程技术研究中心	太原理工大学
		山西省动物药品与疾病防治工程技术研究中心	山西农业大学
		山西省光电信息与仪器工程技术研究中心	中北大学
		山西省工程塑料工程技术研究中心	中北大学
		山西省材料成形与控制工程技术研究中心	太原科技大学
2007	6	山西省新能源与可再生能源工程技术研究中心	太原理工大学
		山西省现代凝固工程技术研究中心	太原科技大学
		山西省防火防爆安全工程技术研究中心	中北大学
		山西省作物化学调控工程技术研究中心	山西农业大学
		山西省耐火材料工程技术研究中心	太原高科耐火材料有限公司阳泉市下千耐火材料有限公司
		山西省隧道工程技术研究中心	中铁十二局集团有限公司

续表

年份	数量	工程中心	依托单位
2008	4	山西省煤层气开发利用工程技术研究中心	山西晋城无烟煤矿业集团有限责任公司
		山西省煤矿瓦斯综合治理工程技术研究中心	阳泉煤业（集团）有限责任公司
		山西省铁道车辆用钢工程技术研究中心	太原钢铁（集团）有限责任公司
		山西省矿山机械 CAE 工程技术研究中心	太原理工大学太原重型机械集团煤机有限公司

从表3-7中可以看出，从1999年到2008年期间的43个省级工程技术研究中心中，高校有36个，占了大约84%的比例。而企业的只有6个，科研机构的只有1个，表明高校在工程技术研究中心建设方面，取得的实效非常大。其中，工科院总计24个，占高校比例75%。太原理工大学9个，太原科技大学5个，中北大学10个，太原工业学院没有。从数字显示来看，中北大学对工程技术研究的重视程度要高于太原理工大学；太原科技大学相对滞后，这可能与该校不太关注山西省科技政策一定关系。太原工业学院由于是新建本科院校，相对在工程技术领域的研究很弱。

从教育部工程技术研究中心建立情况看山西工科院校在工程技术研究方面取得的实效。从表3-8中可以看出，截止到2009年，教育部共有工程技术研究中心370个，其中，山西仅有山西大学、太原理工大学、太原科技大学和中北大学4所高校立项教育部工程研究中心，分别是2006年的山西大学精细化学品、2006年太原理工大学的煤转化技术、2007年太原科技大学的重型机械和2008-2009年中北大学的微纳惯性传感与集成测量。太原工业学院作为工科院校，实力相对较差。从数量上来看，山西高校教育部工程技术研究中心虽然仅仅占有全国高校10%的比例，但是已经取得了一定的成绩，虽然这个成绩还不能说很好。

表 3-8 教育部工程研究中心名单

技术领域	序号	工程中心名称	依托单位	立项时间（年）
新材料	1	形状记忆材料	天津大学	1989
	2	金属电子信息材料	北京科技大学	2001
	3	稀土永磁应用	沈阳工业大学 2006 年	
	4	铝合金强流变技术与装备	中南大学 2007 年	
	5	先进涂料	复旦大学 2008-2009 年	
	6	模塑建材制品	大连理工大学	
	7	生态水泥	西安建筑科技大学	
	8	特种工程塑料	吉林大学	
	9	有机硅化合物及材料	武汉大学	
	10	医用生物材料	华东理工大学	
	11	敏感陶瓷	华中科技大学	
	12	材料先进制备技术	东北大学	
	13	先进玻璃制造技术	东华大学	2006
	14	光电功能材料	长春理工大学	
	15	隐身材料与技术	电子科技大学	
	16	耐磨材料与技术	西安建筑科技大学	
	17	绿色建筑材料及制造	武汉理工大学	
	18	电化学高新技术	厦门大学	
	19	海洋材料与防护技术	中国海洋大学	
	20	后续能源材料与器件	四川大学	
	21	材料评价与优选设计	南京理工大学	
	22	金属新材料制备成形技术与装备	华南理工大学	
	23	先进电池材料	中南大学	2007
	24	纳米矿物材料及应用	中国地质大学（武汉）	
	25	材料复合及先进分散技术	上海大学	
	26	纤维复合建筑材料与结构	郑州大学	

续表

技术领域	序号	工程中心名称	依托单位	立项时间（年）
	27	合成树脂与特种纤维	长春工业大学	
	28	环境友好高分子材料	四川大学	
	29	高性能聚合物及成型技术	青岛科技大学	
	30	有机聚合物光电材料	吉林大学	
	31	先进建筑材料	济南大学	
	32	表面与结构改性无机功能材料	浙江大学	
	33	摩擦学与材料防护	河南科技大学	
	34	脆性材料加工技术	华侨大学	
	35	镁基材料深加工技术	中北大学	
	36	火安全材料与技术	北京理工大学	2008-2009
	37	节能减阻添加剂	河南大学	
	38	交通铺面材料	长安大学	
	39	环境友好功能材料	华侨大学	
	40	金属耐磨材料及表面技术	佳木斯大学	
	41	绿色陶瓷	景德镇陶瓷学院	
	42	海洋环境混凝土技术	青岛理工大学	
	43	电化学储能材料与技术	华南师范大学	
	44	高性能铜合金材料及成形加工	合肥工业大学	
现代服务业	45	数字社区	北京工业大学	2001
	46	数据库与商务智能	中国人民大学	
	47	数字化纺织服装技术	东华大学	
	48	土木信息技术	同济大学	
	49	地理信息系统软件及其应用	中国地质大学（北京）	
	50	教育信息技术	华中师范大学	2006
	51	数字医学	上海交通大学	
	52	数字化学习支撑技术	东北师范大学	
	53	广播电视数字化	中国传媒大学	

续表

技术领域	序号	工程中心名称	依托单位	立项时间（年）
	54	数字学习与教育公共服务	北京师范大学	2007
	55	空间信息技术	首都师范大学	
	56	矿山数字化	中国矿业大学（徐州）	
	57	藏文信息技术	西藏大学	
	58	数字图书馆	浙江大学	2008-2009
	59	海洋信息技术	中国海洋大学	
	60	西部资源环境地理信息技术	云南师范大学	
	61	代表性建筑与古建筑数据库	北京建筑工程学院	
公共安全	62	中子应用技术	兰州大学	2001
	63	辐射技术及辐射成像	清华大学	2006
	64	矿山生产安全检测技术设备	山东科技大学	
	65	矿山生态修复	中国矿业大学（徐州）	
	66	矿山生态安全	中国矿业大学（北京）	
	67	防沙治沙	北京师范大学	
	68	化工安全	北京化工大学	
	69	建筑钢结构	同济大学	
	70	建筑物检测与加固	武汉大学	
	71	历史文化遗产保护	陕西师范大学	
	72	电力安全与高效利用	华中科技大学	
	73	煤矿灾害预防与抢险救灾	河南理工大学	
	74	道路交通安全与环境	同济大学	2007
	75	道路灾变防治及交通安全	长沙理工大学	
	76	西部煤矿安全	西安科技大学	
	77	西部土木工程防灾减灾	兰州理工大学	
	78	核技术应用	东华理工大学	2008-2009
	79	应对核化生恐怖医学防护	南方医科大学	
	80	电力与交通安全监控及节能技术	长沙理工大学	

续表

技术领域	序号	工程中心名称	依托单位	立项时间（年）
轻工纺织	81	食品	中山大学	1987
	82	功能食品	江南大学	2001
	83	产业用纺织品	东华大学	2006
	84	糖业及综合利用	广西大学	
	85	食品生物技术	天津科技大学	
	86	动物性食品安全保障技术	大连理工大学	2007
	87	现代纺织装备技术	浙江理工大学	
	88	先进纺织复合材料	天津工业大学	
	89	亚麻加工技术	齐齐哈尔大学	
	90	纺织装备	东华大学	
	91	纺织印染清洁生产	武汉纺织大学	
	92	高分子材料加工装备	北京化工大学	2008-2009
	93	生态染整技术	浙江理工大学	
	94	经编技术	江南大学	
	95	乳制品质量安全控制技术	内蒙古大学	
	96	海洋食品	大连工业大学	
石油化工	97	超重力	北京化工大学	2001
	98	化工过程模拟与优化	湘潭大学	
	99	油气加工新技术	中国石油大学（华东）	
	100	绿色精制过程	天津大学	2006
	101	过程系统工程	华东理工大学	
	102	海水资源利用及绿色化工技术	河北工业大学	
	103	磷资源综合利用与清洁加工	四川大学	
	104	煤转化技术	太原理工大学	
	105	先进催化	湖南大学	
	106	大型工业反应器工程	华东理工大学	
	107	精细化学品	山西大学	

续表

技术领域	序号	工程中心名称	依托单位	立项时间（年）
	108	天然气开发	西南石油大学	
	109	复杂油气藏勘探开发	中国石油大学（北京）	
	110	气体能源开发与利用	中国石油大学（北京）	2007
	111	海洋油气开发与安全保障	中国海洋大学	
	112	油田化学	西南石油大学	
	113	石油石化新型装备与技术	中国石油大学（华东）	
	114	智能过程系统工程	北京化工大学	
	115	资源（盐湖）过程工程	华东理工大学	
	116	制药工程与过程化学	华东理工大学	
	117	生物炼制	北京化工大学	
	118	化工污染控制	南京理工大学	
	119	清洁能源化工技术	清华大学	
	120	高效储能	南开大学	
	121	多相分离技术与装备	中国石油大学（北京）	2008-2009
	122	绿色高效过程装备与节能	华东理工大学	
	123	高压过程装备与安全	浙江大学	
	124	过程装备及其再制造	浙江工业大学	
	125	陕北能源先进化工利用技术	西北大学	
	126	磷资源开发利用	武汉工程大学	
	127	油页岩综合利用	东北电力大学	
	128	西部低渗特低渗油藏开发与治理	西安石油大学	
能源交通	129	电能质量	安徽大学	2001
	130	智能交通运输系统	东南大学	
	131	现代交通管理系统	四川大学	
	132	港口物流技术与装备	武汉理工大学	
	133	光伏系统	合肥工业大学	
	134	太阳能发电及制冷	上海交通大学	
	135	水利水电工程安全	河海大学	

续表

技术领域	序号	工程中心名称	依托单位	立项时间（年）
	136	隧道及地下工程	北京交通大学	2006
	137	轨道交通电力传动	北京交通大学	
	138	建筑节能	清华大学	
	139	高速公路筑养装备与技术	长安大学	
	140	公路大型结构安全	长安大学	
	141	环境热工技术	山东大学	
	142	水路公路交通安全控制与装备	武汉理工大学	
	143	山区桥梁结构与材料	重庆交通大学	
	144	雷电防护与接地技术	武汉大学	2007
	145	集装箱供应链技术	上海海事大学	
	146	高速铁路网络管理	北京交通大学	
	147	铁路环境振动与噪声	华东交通大学	
	148	轨道车辆结构可靠性与运用检测技术	北京交通大学	
	149	航空航天电机系统技术	西北工业大学	
	150	航空航天电源技术	南京航空航天大学	
	151	新型电机与特种电磁装备	华中科技大学	
	152	煤基浆体燃料	中国矿业大学（北京）	
	153	电力节能	华北电力大学	
	154	核电技术	清华大学	2008-2009
	155	先进照明技术	复旦大学	
	156	船舶动力技术	哈尔滨工程大学	
	157	航运仿真技术	上海海事大学	
	158	能源动力装置节能减排	华中科技大学	
	159	电力电子节能技术与装备	山东大学	
	160	可再生能源发电技术	河海大学	
	161	可再生能源发电与并网控制	新疆大学	
	162	冶金节能减排	昆明理工大学	

续表

技术领域	序号	工程中心名称	依托单位	立项时间（年）
生物医药	163	资源药物	北京师范大学	2001
	164	南海海洋生物技术	中山大学	
	165	中药制药与新药开发	北京中医药大学	
	166	现代中成药	广州中医药大学	
	167	基因组药物	暨南大学	
	168	蛋白质与多肽新药	南京大学	2006
	169	医药粉体技术	湖南中医药大学	
	170	农药、医药中间体清洁生产	山东师范大学	
	171	再生医学	北京大学	
	172	西南特色药用生物资源开发利用	贵州大学	
	173	现代微创医疗器械及技术	上海理工大学	
	174	人工器官及材料	暨南大学	
	175	生物反应器与药物开发	吉林农业大学	
	176	新型兽用疫苗	扬州大学	
	177	中药资源	中国协和医科大学	
	178	生物转化与生物净化	浙江工业大学	
	179	工业微生物	福建师范大学	
	180	微生物功能基因组与检测技术	南开大学	
	181	基因疫苗	中山大学	
	182	药物基因组应用技术	中南大学	2007
	183	细胞工程及抗体药物	上海交通大学	
	184	抗肿瘤天然药物	哈尔滨商业大学	
	185	数字化诊断治疗设备	南方医科大学	
	186	体腔内局部诊疗技术	北京大学	
	187	现代眼视光技术与装备	温州医学院	
	188	分子药物	华侨大学	
	189	中药现代制剂技术	上海中医药大学	

续表

技术领域	序号	工程中心名称	依托单位	立项时间（年）
	190	现代中药发现与制剂技术	天津中医药大学	
	191	中药材规范化生产	北京中医药大学	
	192	西部中药材综合开发利用	成都中医药大学	
	193	中药炮制规范化及标准化	南京中医药大学	2008-2009
	194	民族药与中药开发应用	贵阳医学院	
	195	分子诊断	厦门大学	
	196	灵长类及大动物临床前研究	北京大学	
	197	动物生物药物	华中农业大学	
	198	血液和血管疾病诊疗药物技术	苏州大学	
	199	内源式预防药物	首都医科大学	
	200	活性物质生物技术	重庆师范大学	
农林牧渔业	201	园林环境	北京林业大学	2001
	202	油菜	华中农业大学	
	203	玉米育种	中国农业大学	
	204	农业基因工程	东北师范大学	
	205	多倍体鱼繁殖与育种技术	湖南师范大学	2006
	206	资源节约型肥料	南京农业大学	
	207	林业生态工程	北京林业大学	
	208	林业生物制剂	东北林业大学	
	209	生物质转化	南昌大学	
	210	生物防治	华南农业大学	
	211	优良家畜规模化繁育技术	内蒙古大学	
	212	西南作物育种	四川农业大学	
	213	小麦育种	西北农林科技大学	
	214	蚕桑资源及分子改良	西南大学	
	215	热带作物新品种选育	海南大学	
	216	葡萄与葡萄酒	宁夏大学	

续表

技术领域	序号	工程中心名称	依托单位	立项时间（年）
	217	棉花	新疆农业大学	
	218	海水养殖	中国海洋大学	
	219	果蔬加工	中国农业大学	
	220	淀粉与植物蛋白深加工	华南理工大学	
	221	现代农业装备与设施	中国农业大学	
	222	草地农业	兰州大学	
	223	绿洲农业工程与信息化	石河子大学	
	224	农产品加工应用微生物技术	黑龙江大学	
	225	农产品生物化工	合肥工业大学	
	226	农副产品蛋白质饲料资源	武汉轻工业大学	2007
	227	植物生物技术与遗传资源利用	武汉大学	
	228	林业生物质材料与能源	北京林业大学	
	229	生物能源持续开发利用	云南师范大学	
	230	动物抗病营养生物技术	四川农业大学	
	231	乳品生物技术	内蒙古农业大学	
	232	食药用菌	吉林农业大学	
	233	真菌生物技术	安徽农业大学	
	234	植物航天育种	华南农业大学	
	235	杂交棉创制	南京农业大学	
	236	柑橘	西南大学	
	237	粮食储藏与安全	河南工业大学	
	238	热带多糖资源利用	海南大学	
	239	疏浚技术	河海大学	
	240	饲料安全与高效利用	湖南农业大学	
	241	植物生长调节剂	中国农业大学	2008-2009
	242	生物质材料	西南科技大学	
	243	南方山地农业	西南大学	

续表

技术领域	序号	工程中心名称	依托单位	立项时间（年）
	244	长江中游湿地农业	长江大学	
	245	旱区现代农业水资源高效利用	宁夏大学	
	246	园艺作物种质创新与利用	南京农业大学	
	247	南方园艺产品保鲜	华南农业大学	
	248	新疆特色果蔬贮藏加工	石河子大学	
	249	西北马铃薯	青海大学	
	250	粮食副产物加工与利用	黑龙江八一农垦大学	
	251	蜂产品加工与应用	福建农林大学	
	252	鳗鲡现代产业技术	集美大学	
	253	冷冻冷藏技术	天津商业大学	
电子与通信	254	半导体材料与器件	南昌大学	2001
	255	场致发射显示技术	福州大学	2006
	256	多媒体通信	宁波大学	
	257	移动通信	重庆邮电大学	
	258	微处理器及系统	北京大学	
	259	射频集成电路与系统	东南大学	
	260	自主卫星导航定位技术	国防科学技术大学	
	261	汽车电子驱动控制与系统集成	哈尔滨理工大学	
	262	汽车电子与控制技术	湖南大学	
	263	天线	西安电子科技大学	
	264	嵌入式系统集成	西北工业大学	
	265	嵌入式系统	浙江大学	
	266	纳光电集成与先进装备	华东师范大学	
	267	薄膜光电子技术	南开大学	
	268	导航仪器	哈尔滨工程大学	
	269	地球观测与导航	北京大学	2007
	270	导航、制导与控制技术	北京理工大学	

续表

技术领域	序号	工程中心名称	依托单位	立项时间（年）
	271	先进航空导航与空管技术	北京航空航天大学	
	272	数码激光成像与显示	苏州大学	
	273	精密电子制造装备	华南理工大学	
	274	电子测试技术与仪器	电子科技大学	
	275	通信器件与技术	天津理工大学	
	276	微纳光电子材料与器件	厦门大学	
	277	自动测试及仪器技术	哈尔滨工业大学	
	278	固体器件与集成技术	清华大学	
	279	数字家庭	中山大学	2008-2009
	280	时空数据器智能获取技术与应用	武汉大学	
	281	新型微波探测技术	电子科技大学	
	282	近距离无线通信与网络	华南理工大学	
	283	宽带无线通信及显示技术	南京邮电大学	
	284	飞行器自主控制技术	南京航空航天大学	
	285	大功率半导体照明应用系统	天津工业大学	
网络与计算机应用	286	信息网络	北京邮电大学	2001
	287	计算机网络技术	清华大学	2006
	288	网络信息安全	上海交通大学	
	289	先进计算机应用技术	北京航空航天大学	
	290	计算机辅助产品创新设计	浙江大学	
	291	企业数字化技术	同济大学	
	292	数据存储系统与技术	华中科技大学	
	293	要害信息安全技术	复旦大学	
	294	复杂网络系统安全保障技术	东北大学	2007
	295	虚拟现实应用	北京师范大学	
	296	国产基础软件	国防科技大学	
	297	开源软件与实时系统	兰州大学	

续表

技术领域	序号	工程中心名称	依托单位	立项时间（年）
	298	网络技术及应用软件	吉林大学	
	299	智能决策与信息系统技术	合肥工业大学	
	300	软硬件协同设计技术与应用	华东师范大学	
制造业	301	快速成型制造技术	西安交通大学	2001
	302	连续挤压	大连交通大学	2006
	303	航空航天复杂产品制造	北京航空航天大学	
	304	航空复杂结构制造技术	南京航空航天大学	
	305	汽车结构部件先进制造技术	北京工业大学	
	306	汽车开发	吉林大学	
	307	轻型动力	天津大学	
	308	新能源汽车	同济大学	
	309	智能化电器	西安交通大学	
	310	先进板带生产装备及控制	北京科技大学	
	311	轧制设备及成套技术	燕山大学	
	312	特殊钢先进冶金工艺与装备	东北大学	
	313	废油资源化技术与装备	重庆工商大学	
	314	有色冶金新装备	兰州理工大学	
	315	有色冶金智能自动化技术	中南大学	
	316	冶金自动化与检测技术	武汉科技大学	
	317	新型光源技术及装备	东南大学	
	318	安全关键工业测控技术	合肥工业大学	
	319	仿真测试技术	哈尔滨工业大学	
	320	制造管理技术	大连理工大学	
	321	工业 CT 无损检测技术	重庆大学	
	322	创新科学仪器	复旦大学	2007
	323	伺服控制技术	东南大学	
	324	先进驱动节能技术	西南交通大学	

续表

技术领域	序号	工程中心名称	依托单位	立项时间（年）
	325	机械检测技术与装备	重庆理工大学	
	326	液压振动与控制	安徽工业大学	
	327	船舶控制工程	哈尔滨工程大学	
	328	重型机械	太原科技大学	
	329	空间机器人技术	北京邮电大学	
	330	零件近净轧制成形	北京科技大学	
	331	复杂轨迹加工工艺及装备	湘潭大学	
	332	检测仪表与自动化系统集成技术	杭州电子科技大学	
	333	流程工业数字化仪表	东北大学	
	334	大型整体金属构件激光直接制造	北京航空航天大学	2008-2009
	335	重大工程施工技术与装备	同济大学	
	336	重型车辆零部件先进设计制造	广西工学院	
	337	钢铁生产制造执行系统技术	北京科技大学	
	338	先进矿山装备	湖南科技大学	
	339	特种作业装备	南京理工大学	
	340	晶体生长设备与控制技术	西安理工大学	
	341	有色金属冶金过程技术	东北大学	
	342	工业装备监测与控制	大连理工大学	
	343	微纳制造与测量技术	天津大学	
	344	微纳惯性传感与集成测量	中北大学	
	345	计量测试技术与仪器	中国计量学院	
	346	视觉控制技术与应用	湖南大学	
	347	光学仪器与系统	上海理工大学	
	348	智能康复装置与检测技术	河北工业大学	

续表

技术领域	序号	工程中心名称	依托单位	立项时间（年）
资源环境	349	膜与水处理技术	浙江大学	2001
	350	水处理与水环境修复	南京大学	2006
	351	西部优势矿产资源高效利用	昆明理工大学	
	352	旱区农业与生态修复	兰州大学	
	353	矿山地下工程	安徽理工大学	
	354	岩土钻掘与防护	中国地质大学（武汉）	
	355	钨资源高效开发及应用技术	江西理工大学	2007
	356	水利工程仿真与安全监测	天津大学	
	357	有色及贵金属隐伏矿床勘查	桂林理工大学	
	358	大型地下洞室群	山东大学	
	359	农业节水与水资源	中国农业大学	
	360	地下水污染控制与修复	北京师范大学	2008—2009
	361	地热资源开发技术与装备	吉林大学	
	362	低碳型建筑环境设备与系统节能	东南大学	
	363	热带亚热带水生态工程	暨南大学	
	364	吹填造陆与滨海软土工程技术	天津城市建设学院	
	365	山区道路建设与维护技术	重庆交通大学	
	366	建筑能效控制与评估	安徽建筑工业学院	
	367	三峡库区生态环境	三峡大学	
	368	生物膜法水质净化及利用技术	安徽工业大学	
	369	寒旱地区水资源综合利用	兰州交通大学	

3.3.2 基于实验室建设的实效

山西省重点实验室共有22个，是山西省科技厅自己认定的，见表3-9。从2010年教育部重点实验室名单（见表3-10）来看，山西省共有5个入选，山西大学1个，为化学生物学与分子工程实验室。中北大学1个，为仪器科学与动态测试实验室。太原理工大学3个，为煤科学与技术实验室、能源化学与化工实验室、新型传感器与智能控制实验室。山西省教育部重点实验室占全国比例为2.3%，而省平均水平为7.1%，表明山西省高校的实验室在全国高校实验室建设中的水平，还需要进一步拔高。

截止到2009年11月我国国家重点实验室达220个，设备总值80亿元，见表3-11。山西省国家重点实验室只有2个，分别是中国科学院山西煤化所的煤转化国家重点实验室和山西省科技厅申报的量子光学与光量子器件国家重点实验室，占比例0.9%，而省平均水平为7.1%，表明山西省的国家重点实验室极少，设备投入、科学研究还有待向高水平迈进。

表3-9　山西省重点实验室名单

骨与软组织损伤修复山西省重点实验室
先进不锈钢材料山西省（企业）重点实验室
新型传感器与智能控制山西省重点实验室
动态测试技术省部共建国家重点实验室
量子光学与光量子器件国家重点实验室
煤转化国家重点实验室
冶金设备设计理论及技术山西省重点实验室
智能信息处理山西省重点实验室
矿产资源高效安全开采山西省重点实验室
分子磁体与磁信息材料山西省重点实验室
材料界面科学山西省重点实验室
生态畜牧与环境兽医学山西省重点实验室
细胞生理学山西省重点实验室
土壤环境与养分资源山西省重点实验室
炭材料山西省重点实验室
功能分子山西省重点实验室
农药山西省重点实验室

续表

骨与软组织损伤修复山西省重点实验室
先进制造技术山西省重点实验室
表面活性剂山西省重点实验室
生物工程山西省重点实验室
煤科学山西省重点实验室
材料强度与结构冲击山西省重点实验室

表 3-10　2010 年教育部重点实验室名单

序号	省市	学校名称	科研机构名称	学校性质
1	北京市	北京大学	分子心血管学	综合大学
2	北京市	北京大学	地表过程分析与模拟	综合大学
3	北京市	北京大学	生物有机分子工程	综合大学
4	北京市	北京大学	水沙科学	综合大学
5	北京市	北京大学	神经科学	综合大学
6	北京市	北京大学	数学及应用数学	综合大学
7	北京市	北京大学	纳米器件物理与化学	综合大学
8	北京市	北京大学	造山带与地壳演化	综合大学
9	北京市	北京大学	重离子物理	综合大学
10	北京市	北京大学	高分子化学与物理	综合大学
11	北京市	清华大学	传热强化与过程节能	理工院校
12	北京市	清华大学	生命有机磷及化学生物学教育部重点实验室	理工院校
13	北京市	清华大学	先进成形制造教育部重点实验室	理工院校
14	北京市	清华大学	普适计算机教育部重点实验室	理工院校
15	北京市	清华大学	生物信息学教育部重点实验室	理工院校
16	北京市	清华大学	破坏力学	理工院校
17	北京市	清华大学	量子信息与测量教育部重点实验室	理工院校
18	北京市	清华大学	蛋白质科学教育部重点实验室	理工院校
19	北京市	清华大学	先进反应堆工程与安全教育部重点实验室	理工院校
20	北京市	清华大学	原子分子纳米科学	理工院校
21	北京市	清华大学	传热强化与过程节能教育部重点实验室	理工院校
22	北京市	清华大学	先进材料教育部重点实验室	理工院校

续表

序号	省市	学校名称	科研机构名称	学校性质
23	北京市	清华大学	单原子分子测控教育部重点实验室	理工院校
24	北京市	清华大学	有机光电子及分子工程教育部重点实验室	理工院校
25	北京市	清华大学	结构工程与振动教育部重点实验室	理工院校
26	北京市	清华大学	粒子技术与辐射成像	理工院校
27	北京市	清华大学	结构工程与振动	理工院校
28	北京市	清华大学	水沙科学教育部重点实验室	理工院校
29	北京市	清华大学	热科学与动力工程	理工院校
30	北京市	北京交通大学	全光网络与现代通讯网	理工院校
31	北京市	北京工业大学	传热强化与过程节能	理工院校
32	北京市	北京工业大学	新型功能材料	理工院校
33	北京市	北京航空航天大学	虚拟现实新技术	理工院校
34	北京市	北京航空航天大学	流体力学	理工院校
35	北京市	北京科技大学	环境断裂	理工院校
36	北京市	北京邮电大学	光通信与光波技术	理工院校
37	北京市	中国农业大学	植物-土壤相互作用	农业院校
38	北京市	中国农业大学	现代精细农业系统集成研究	农业院校
39	北京市	北京林业大学	水土保持与荒漠化防治	林业院校
40	北京市	北京林业大学	林木、花卉遗传育种	林业院校
41	北京市	北京协和医学院	中草药物质基础与资源利用	医药院校
42	北京市	北京协和医学院	心血管病相关基因与临床研究	医药院校
43	北京市	北京中医药大学	中医内科学	医药院校
44	北京市	北京师范大学	环境演变与自然灾害	师范院校
45	北京市	北京师范大学	生物多样性与生态工程	师范院校
46	北京市	北京师范大学	射线束技术与材料改性	师范院校
47	北京市	北京师范大学	放射性药物	师范院校
48	北京市	北京师范大学	细胞增殖及调控生物学	师范院校
49	北京市	中国政法大学	证据科学教育部重点实验室	政法院校
50	北京市	华北电力大学	电站设备状态监测与控制	理工院校

续表

序号	省市	学校名称	科研机构名称	学校性质
51	北京市	华北电力大学	电力系统保护与动态安全监控	理工院校
52	北京市	中国矿业大学（北京）	教育部重点实验室	理工院校
53	北京市	中国石油大学（北京）	石油天然气成藏机理	理工院校
54	天津市	南开大学	生物活性材料	综合大学
55	天津市	南开大学	光电信息技术科学教育部重点实验室	综合大学
56	天津市	南开大学	光电信息技术科学	综合大学
57	天津市	南开大学	功能高分子材料教育部重点实验室	综合大学
58	天津市	南开大学	核心数学与组合数学	综合大学
59	天津市	南开大学	弱光非线性光子学材料及其先进制备技术	综合大学
60	天津市	南开大学	功能高分子材料	综合大学
61	天津市	天津大学	光电信息技术科学	理工院校
62	天津市	天津大学	电力系统仿真控制	理工院校
63	天津市	天津大学	绿色合成与转化	理工院校
64	天津市	天津大学	先进陶瓷与加工技术	理工院校
65	天津市	天津工业大学	中空纤维膜材料与膜过程	理工院校
66	山西省	山西大学	化学生物学与分子工程	综合大学
67	山西省	中北大学	仪器科学与动态测试	理工院校
68	山西省	太原理工大学	煤科学与技术	理工院校
69	山西省	太原理工大学	能源化学与化工	理工院校
70	山西省	太原理工大学	新型传感器与智能控制	理工院校
71	内蒙古自治区	内蒙古大学	哺乳动物生殖生物学及生物技术	综合大学
72	辽宁省	东北大学	材料电磁过程研究	理工院校
73	辽宁省	东北大学	流程工业综合自动化	理工院校
74	吉林省	吉林大学	地面机械仿生技术	综合大学
75	吉林省	吉林大学	分子酶学工程	综合大学

续表

序号	省市	学校名称	科研机构名称	学校性质
76	吉林省	吉林大学	汽车材料	综合大学
77	吉林省	吉林大学	超分子结构与材料	综合大学
78	吉林省	吉林大学	符号计算与知识工程	综合大学
79	吉林省	吉林大学	地球信息探测仪器	综合大学
80	吉林省	吉林大学	病理生物学	综合大学
81	吉林省	东北师范大学	植被生态科学	师范院校
82	吉林省	东北师范大学	多酸科学	师范院校
83	黑龙江省	东北农业大学	乳品科学	农业院校
84	黑龙江省	东北林业大学	生物质材料科学与技术	林业院校
85	黑龙江省	东北林业大学	森林植物生态学	林业院校
86	上海市	复旦大学	分子医学	综合大学
87	上海市	复旦大学	应用离子束物理	综合大学
88	上海市	复旦大学	医学分子病毒学	综合大学
89	上海市	复旦大学	公共卫生安全	综合大学
90	上海市	复旦大学	聚合物分子工程	综合大学
91	上海市	复旦大学	生物多样性与生态工程	综合大学
92	上海市	复旦大学	非线性数学模型与方法	综合大学
93	上海市	复旦大学	癌变与侵袭原理	综合大学
94	上海市	复旦大学	波散射与遥感信息	综合大学
95	上海市	同济大学	道路与交通工程	理工院校
96	上海市	同济大学	长江水环境	理工院校
97	上海市	同济大学	先进土木工程材料	理工院校
98	上海市	上海交通大学	薄膜与微细技术	综合大学
99	上海市	上海交通大学	动力机械与工程	综合大学
100	上海市	上海交通大学	电力工程新技术	综合大学
101	上海市	上海交通大学	高温材料及高温测试	综合大学
102	上海市	华东理工大学	超细材料制备与应用	理工院校
103	上海市	东华大学	纺织面料技术	理工院校

续表

序号	省市	学校名称	科研机构名称	学校性质
104	上海市	华东师范大学	脑功能基因组学	师范院校
105	上海市	华东师范大学	地理信息科学	师范院校
106	上海市	华东师范大学	光谱学与波谱学	师范院校
107	江苏省	南京大学	生命分析化学	综合大学
108	江苏省	南京大学	介观化学	综合大学
109	江苏省	南京大学	中尺度灾害性天气	综合大学
110	江苏省	南京大学	海岸与海岛开发	综合大学
111	江苏省	苏州大学	现代光学技术	综合大学
112	江苏省	东南大学	发育与疾病相关基因	综合大学
113	江苏省	东南大学	洁净煤发电及燃烧技术	综合大学
114	江苏省	东南大学	微电子机械系统	综合大学
115	江苏省	东南大学	混凝土及预应力混凝土结构	综合大学
116	江苏省	东南大学	计算机网络和信息集成	综合大学
117	江苏省	河海大学	浅水湖泊综合治理与资源开发	理工院校
118	江苏省	江南大学	工业生物技术	综合大学
119	江苏省	中国药科大学	现代中药	医药院校
120	江苏省	扬州大学	植物功能基因组学	综合大学
121	浙江省	浙江大学	动物分子营养学	综合大学
122	浙江省	浙江大学	濒危野生动物保护遗传与繁殖	综合大学
123	浙江省	浙江大学	污染环境修复与生态健康	综合大学
124	浙江省	浙江理工大学	先进纺织材料与制备技术	理工院校
125	安徽省	安徽大学	计算智能与信号处理	综合大学
126	安徽省	安徽农业大学	茶叶生物化学与生物技术	农业院校
127	福建省	厦门大学	细胞生物学与肿瘤细胞	综合大学
128	福建省	厦门大学	现代分析科学	综合大学
129	福建省	福州大学	空间数据采掘与信息共享	理工院校
130	福建省	福州大学	福州大学数据挖掘与信息共享教育部重点实验室	理工院校

续表

序号	省市	学校名称	科研机构名称	学校性质
131	福建省	福州大学	数据挖掘与信息共享教育部重点实验室	理工院校
132	福建省	福州大学	福州大学食品安全分析与检测技术教育部重点实验室	理工院校
133	福建省	福建农林大学	农药生物化学	农业院校
134	江西省	江西中医学院	现代中药制剂	医药院校
135	江西省	江西师范大学	鄱阳湖湿地与流域研究教育部重点实验室	师范院校
136	山东省	山东大学	心血管功能与重构研究	综合大学
137	山东省	山东大学	实验畸形学	综合大学
138	山东省	山东大学	材料液固结构演变与加工教育部重点实验室	综合大学
139	山东省	山东大学	胶体与界面化学	综合大学
140	山东省	山东大学	材料液态结构及其遗传性	综合大学
141	山东省	中国海洋大学	物理海洋教育部重点实验室	综合大学
142	山东省	中国海洋大学	海洋药物教育部重点实验室	综合大学
143	山东省	中国海洋大学	海洋环境与生态教育部重点实验室	综合大学
144	山东省	中国海洋大学	海洋遥感教育部重点实验室	综合大学
145	山东省	中国海洋大学	海底科学与探测技术教育部重点实验室	综合大学
146	山东省	中国海洋大学	海水养殖教育部重点实验室	综合大学
147	山东省	青岛科技大学	橡塑材料与工程	理工院校
148	河南省	郑州大学	材料物理	综合大学
149	河南省	河南大学	特种功能材料教育部重点实验室	综合大学
150	湖北省	武汉大学	植物发育生物学	综合大学
151	湖北省	武汉大学	口腔生物医学工程	综合大学
152	湖北省	武汉大学	生物医用高分子材料	综合大学
153	湖北省	武汉大学	地球空间环境与大地测量	综合大学
154	湖北省	华中科技大学	生物医学光子学	理工院校

续表

序号	省市	学校名称	科研机构名称	学校性质
155	湖北省	华中科技大学	图像信息处理与智能控制	理工院校
156	湖北省	华中科技大学	环境与健康	理工院校
157	湖北省	华中科技大学	基本物理量测量	理工院校
158	湖北省	华中科技大学	器官移植	理工院校
159	湖北省	华中科技大学	信息存储系统	理工院校
160	湖北省	武汉工程大学	绿色化工过程省部共建教育部重点实验室	理工院校
161	湖北省	中国地质大学（武汉）	生物地质与环境地质教育部重点实验室	理工院校
162	湖北省	武汉理工大学	硅酸盐材料工程	理工院校
163	湖北省	华中农业大学	园艺植物生物学	农业院校
164	湖南省	湘潭大学	低维材料及其应用技术	综合大学
165	湖南省	中南大学	轨道交通安全	综合大学
166	湖南省	中南大学	有色金属材料科学与工程	综合大学
167	湖南省	中南大学	生物冶金	综合大学
168	湖南省	中南大学	癌变与侵袭原理	综合大学
169	湖南省	湖南农业大学	茶学	农业院校
170	湖南省	湖南师范大学	化学生物学及中药分析	师范院校
171	湖南省	湖南师范大学	蛋白质化学及鱼类发育生物学	师范院校
172	广东省	中山大学	聚合物复合材料及功能材料	综合大学
173	广东省	中山大学	基因工程	综合大学
174	广东省	汕头大学	智能制造技术	综合大学
175	广东省	华南理工大学	传热强化与过程节能	理工院校
176	广东省	华南理工大学	特种功能材料	理工院校
177	广东省	华南理工大学	聚合物成型加工工程	理工院校
178	广西壮族自治区	广西大学	微生物与植物遗传工程	综合大学
179	广西壮族自治区	广西大学	有色金属及材料加工新技术	综合大学

续表

序号	省市	学校名称	科研机构名称	学校性质
180	广西壮族自治区	桂林工学院	有色金属及材料加工新技术	理工院校
181	海南省	海南大学	热带生物资源教育部重点实验室	综合大学
182	重庆市	重庆大学	光电技术及系统	综合大学
183	重庆市	重庆大学	三峡库区生态环境	综合大学
184	重庆市	重庆大学	西南资源开发及环境灾害控制工程	综合大学
185	重庆市	重庆大学	高电压与电工新技术	综合大学
186	重庆市	西南大学	三峡库区生态环境	综合大学
187	四川省	四川大学	靶向药物教育部重点实验室	综合大学
188	四川省	四川大学	生物资源与生态环境	综合大学
189	四川省	四川大学	生物资源与生态环境教育部重点实验室	综合大学
190	四川省	四川大学	绿色化学与技术	综合大学
191	四川省	四川大学	皮革化学与工程教育部重点实验室	综合大学
192	四川省	四川大学	绿色化学与技术教育部重点实验室	综合大学
193	四川省	四川大学	辐射物理及技术	综合大学
194	四川省	四川大学	口腔生物医学工程	综合大学
195	四川省	电子科技大学	宽带光纤传输与通信系统技术	理工院校
196	四川省	西华师范大学	西南野生动植物保护	师范院校
197	贵州省	贵州大学	绿色农药与农业生物工程	综合大学
198	贵州省	贵州大学	喀斯特环境与地质灾害防治	综合大学
199	云南省	昆明理工大学	非常规冶金省部共建	理工院校
200	云南省	云南农业大学	农业生物资源生物多样性与病害控制	农业院校
201	西藏自治区	西藏大学	宇宙线	综合大学
202	陕西省	西安交通大学	现代设计及转子轴承系统	综合大学
203	陕西省	西安交通大学	强度与振动	综合大学
204	陕西省	西安交通大学	电子物理与器件	综合大学

续表

序号	省市	学校名称	科研机构名称	学校性质
205	陕西省	西安交通大学	电子陶瓷与器件	综合大学
206	陕西省	西安交通大学	环境与疾病相关基因	综合大学
207	陕西省	西安交通大学	生物医学信息工程	综合大学
208	陕西省	西北工业大学	现代设计与集成制造技术	理工院校
209	陕西省	西安电子科技大学	计算机网络与信息安全	理工院校
210	陕西省	长安大学	特殊地区公路工程	理工院校
211	陕西省	长安大学	道路施工技术与装备	理工院校
212	陕西省	西北农林科技大学	旱区农业水土工程	农业院校
213	陕西省	西北农林科技大学	植保资源与病虫害治理	农业院校
214	甘肃省	兰州大学	磁学与磁性材料	综合大学
215	甘肃省	兰州大学	干旱与草地生态	综合大学
216	甘肃省	兰州大学	西部环境	综合大学
217	甘肃省	兰州理工大学	有色金属合金及加工	理工院校
218	甘肃省	兰州交通大学	光电技术与智能控制	理工院校
219	青海省	青海大学	高原医学	综合大学
220	宁夏回族自治区	宁夏大学	西部特色生物资源保护与利用	综合大学

截止到2009年11月，我国国家重点实验室达220个，设备总值80亿元，见表3-11。

表3-11 国家重点实验室名单

序号	实验室名称	学科	部门	地区
1	癌基因与相关基因国家重点实验室	生命	卫生部	上海
2	半导体超晶格国家重点实验室	数理	中国科学院	北京

续表

序号	实验室名称	学科	部门	地区
3	爆炸科学与技术国家重点实验室	工程	国防科学技术工业委员会	北京
4	表面物理国家重点实验室	数理	中国科学院	北京
5	冰冻圈科学国家重点实验室	地学	中国科学院	甘肃
6	病毒基因工程国家重点实验室	生命	卫生部	北京
7	病毒学国家重点实验室	生命	教育部	湖北
8	病原微生物生物安全国家重点实验室	生命	总后勤部卫生部	北京
9	波谱与原子分子物理国家重点实验室	数理	中国科学院	湖北
10	材料成形与模具技术国家重点实验室	工程	教育部	湖北
11	材料复合新技术国家重点实验室	材料	教育部	湖北
12	材料化学工程国家重点实验室	化学	江苏省科技厅	江苏
13	测绘遥感信息工程国家重点实验室	地学	教育部	湖北
14	超导国家重点实验室	数理	中国科学院	北京
15	超分子结构与材料国家重点实验室	化学	教育部	吉林
16	超硬材料国家重点实验室	材料	教育部	吉林
17	城市和区域生态国家重点实验室	生命	中国科学院	北京
18	城市水资源与水环境国家重点实验室	地学	国防科学技术工业委员会	黑龙江
19	传感技术联合国家重点实验室	信息	中国科学院	上海
20	传染病预防控制国家重点实验室	生命	卫生部	北京
21	传染病诊治国家重点实验室	生命	教育部	浙江
22	创伤、烧伤与复合伤研究国家重点实验室	生命	总后勤部卫生部	重庆
23	磁学国家重点实验室	数理	中国科学院	北京
24	催化基础国家重点实验室	化学	中国科学院	辽宁
25	大陆动力学国家重点实验室	地学	陕西省科技厅	陕西
26	大气边界层物理与大气化学国家重点实验室	地学	中国科学院	北京

续表

序号	实验室名称	学科	部门	地区
27	大气科学及地球流体力学数值模拟国家重点实验室	地学	中国科学院	北京
28	淡水生态与生物技术国家重点实验室	生命	中国科学院	湖北
29	蛋白质工程和植物基因工程国家重点实验室	生命	教育部	北京
30	蛋白质组学国家重点实验室	生命	总后勤部卫生部	北京
31	地表过程与资源生态国家重点实验室	地学	教育部	北京
32	地震动力学国家重点实验室	地学	中国地震局	北京
33	地质过程与矿产资源国家重点实验室	地学	教育部	湖北
34	地质灾害防治与地质环境保护国家重点实验室	地学	四川省科技厅	四川
35	电分析化学国家重点实验室	化学	中国科学院	吉林
36	电力设备电气绝缘国家重点实验室	工程	教育部	陕西
37	电力系统及大型发电设备安全控制和仿真国家重点实验室	工程	教育部	北京
38	电子薄膜与集成器件国家重点实验室	信息	教育部	四川
39	动力工程多相流国家重点实验室	工程	教育部	陕西
40	动物营养学国家重点实验室	生命	农业部	北京
41	冻土工程国家重点实验室	地学	中国科学院	甘肃
42	多相复杂系统国家重点实验室	化学	中国科学院	北京
43	非线性力学国家重点实验室	数理	中国科学院	北京
44	分子动态与稳态结构国家重点实验室	化学	中国科学院	北京
45	分子反应动力学国家重点实验室	化学	中国科学院	辽宁
46	分子生物学国家重点实验室	生命	中国科学院	上海
47	分子肿瘤学国家重点实验室	生命	卫生部	北京
48	粉末冶金国家重点实验室	材料	教育部	湖南
49	高分子材料工程国家重点实验室	材料	教育部	四川

续表

序号	实验室名称	学科	部门	地区
50	高分子物理与化学国家重点实验室	化学	中国科学院	吉林
51	高性能陶瓷和超微结构国家重点实验室	材料	中国科学院	上海
52	工业控制技术国家重点实验室	信息	教育部	浙江
53	工业装备结构分析国家重点实验室	工程	教育部	辽宁
54	功能有机分子化学国家重点实验室	化学	教育部	甘肃
55	固体表面物理化学国家重点实验室	化学	教育部	福建
56	固体润滑国家重点实验室	材料	中国科学院	甘肃
57	固体微结构物理国家重点实验室	数理	教育部	江苏
58	光电材料与技术国家重点实验室	材料	教育部	广东
59	硅材料国家重点实验室	材料	教育部	浙江
60	轨道交通控制与安全国家重点实验室	工程	教育部	北京
61	海岸和近海工程国家重点实验室	工程	教育部	辽宁
62	海洋地质国家重点实验室	地学	教育部	上海
63	海洋工程国家重点实验室	工程	教育部	上海
64	毫米波国家重点实验室	信息	教育部	江苏
65	河口海岸学国家重点实验室	地学	教育部	上海
66	核物理与核技术国家重点实验室	数理	教育部	北京
67	红外物理国家重点实验室	信息	中国科学院	上海
68	呼吸疾病国家重点实验室	生命	广东省科技厅	广东
69	湖泊与环境国家重点实验室	地学	中国科学院	江苏
70	华南肿瘤学国家重点实验室	生命	教育部	广东
71	化工资源有效利用国家重点实验室	化学	教育部	北京
72	化学工程联合国家重点实验室	化学	教育部	北京
73	化学生物传感与计量学国家重点实验室	化学	教育部	湖南
74	环境地球化学国家重点实验室	地学	中国科学院	贵州

续表

序号	实验室名称	学科	部门	地区
75	环境化学与生态毒理学国家重点实验室	地学	中国科学院	北京
76	环境模拟与污染控制国家重点实验室	地学	教育部	北京
77	黄土高原土壤侵蚀与旱地农业国家重点实验室	地学	中国科学院	陕西
78	黄土与第四纪地质国家重点实验室	地学	中国科学院	陕西
79	火灾科学国家重点实验室	工程	中国科学院	安徽
80	机器人技术与系统国家重点实验室	工程	国防科学技术工业委员会	黑龙江
81	机器人学国家重点实验室	信息	中国科学院	辽宁
82	机械传动国家重点实验室	工程	教育部	重庆
83	机械系统与振动国家重点实验室	工程	教育部	上海
84	机械制造系统工程国家重点实验室	工程	教育部	陕西
85	激光技术国家重点实验室	信息	教育部	湖北
86	集成光电子学国家重点联合实验室	信息	教育部	吉林
87	计划生育生殖生物学国家重点实验室	生命	国家人口和计划生育委员会	北京
88	计算机辅助设计与图形学国家重点实验室	信息	教育部	浙江
89	计算机科学国家重点实验室	信息	中国科学院	北京
90	计算机软件新技术国家重点实验室	信息	教育部	江苏
91	家畜疫病病原生物学国家重点实验室	生命	农业部	甘肃
92	结构化学国家重点实验室	化学	中国科学院	福建
93	金属材料强度国家重点实验室	材料	教育部	陕西
94	金属腐蚀与防护国家重点实验室	材料	中国科学院	辽宁
95	金属基复合材料国家重点实验室	材料	教育部	上海
96	金属有机化学国家重点实验室	化学	中国科学院	上海
97	近海海洋环境科学国家重点实验室	地学	教育部	福建
98	晶体材料国家重点实验室	材料	教育部	山东

续表

序号	实验室名称	学科	部门	地区
99	精密测试技术及仪器国家重点实验室	信息	教育部	天津
100	精密光谱科学与技术国家重点实验室	数理	教育部	上海
101	精细化工国家重点实验室	化学	教育部	辽宁
102	科学与工程计算国家重点实验室	数理	中国科学院	北京
103	空间天气学国家重点实验室	地学	中国科学院	北京
104	口腔疾病研究国家重点实验室	生命	教育部	四川
105	矿床地球化学国家重点实验室	地学	中国科学院	贵州
106	理论化学计算国家重点实验室	化学	教育部	吉林
107	量子光学与光量子器件国家重点实验室	信息	山西省科技厅	山西
108	流体传动及控制国家重点实验室	工程	教育部	浙江
109	煤燃烧国家重点实验室	工程	教育部	湖北
110	煤炭资源与安全开采国家重点实验室	地学	教育部	北京
111	煤转化国家重点实验室（山西煤化所）	化学	中国科学院	山西
112	模式识别国家重点实验室	信息	中国科学院	北京
113	摩擦学国家重点实验室	工程	教育部	北京
114	内燃机燃烧学国家重点实验室	工程	教育部	天津
115	内生金属矿床成矿机制研究国家重点实验室	地学	教育部	江苏
116	脑与认知科学国家重点实验室	生命	中国科学院	北京
117	能源清洁利用国家重点实验室	工程	教育部	浙江
118	凝固技术国家重点实验室	材料	国防科学技术工业委员会	陕西
119	农业虫害鼠害综合治理研究国家重点实验室	生命	中国科学院	北京
120	农业生物技术国家重点实验室	生命	教育部	北京
121	农业微生物学国家重点实验室	生命	教育部	湖北
122	汽车安全与节能国家重点实验室	工程	教育部	北京

续表

序号	实验室名称	学科	部门	地区
123	汽车车身先进设计制造国家重点实验室	工程	教育部	湖南
124	汽车动态模拟国家重点实验室	工程	教育部	吉林
125	牵引动力国家重点实验室	工程	教育部	四川
126	强场激光物理国家重点实验室	数理	中国科学院	上海
127	区域光纤通信网与新型光通信系统国家重点实验室	信息	教育部	上海
128	人工微结构和介观物理国家重点实验室	数理	教育部	北京
129	认知神经科学与学习国家重点实验室	生命	教育部	北京
130	软件工程国家重点实验室	信息	教育部	湖北
131	软件开发环境国家重点实验室	信息	国防科学技术工业委员会	北京
132	深部岩土力学与地下工程国家重点实验室	工程	教育部	江苏
133	神经科学国家重点实验室	生命	中国科学院	上海
134	生化工程国家重点实验室	生命	中国科学院	北京
135	生命有机化学国家重点实验室	化学	中国科学院	上海
136	生物大分子国家重点实验室	生命	中国科学院	北京
137	生物电子学国家重点实验室	信息	教育部	江苏
138	生物反应器工程国家重点实验室	生命	教育部	上海
139	生物膜与膜生物工程国家重点实验室	生命	中国科学院	北京
140	生物治疗国家重点实验室	生命	教育部	四川
141	声场声信息国家重点实验室	数理	中国科学院	北京
142	实验血液学国家重点实验室	生命	卫生部	天津
143	食品科学与技术国家重点实验室	生命	教育部	江苏
144	兽医生物技术国家重点实验室	生命	农业部	黑龙江

续表

序号	实验室名称	学科	部门	地区
145	输配电装备及系统安全与新技术国家重点实验室	工程	教育部	重庆
146	数字制造装备与技术国家重点实验室	工程	教育部	湖北
147	水稻生物学国家重点实验室	生命	农业部	浙江
148	水力学与山区河流开发保护国家重点实验室	工程	教育部	四川
149	水沙科学与水利水电工程国家重点实验室	工程	教育部	北京
150	水文水资源与水利工程科学国家重点实验室	工程	教育部	江苏
151	水资源与水电工程科学国家重点实验室	工程	教育部	湖北
152	瞬态光学与光子技术国家重点实验室	信息	中国科学院	陕西
153	羰基合成与选择氧化国家重点实验室	化学	中国科学院	甘肃
154	天然药物与仿生药物国家重点实验室	生命	教育部	北京
155	土木工程防灾国家重点实验室	工程	教育部	上海
156	土壤与农业可持续发展国家重点实验室	地学	中国科学院	江苏
157	湍流与复杂系统国家重点实验室	数理	教育部	北京
158	网络与交换技术国家重点实验室	信息	教育部	北京
159	微波与数字通信技术国家重点实验室	信息	教育部	北京
160	微生物技术国家重点实验室	生命	教育部	山东
161	微生物资源前期开发国家重点实验室	生命	中国科学院	北京
162	微细加工光学技术国家重点实验室	信息	中国科学院	四川
163	卫星海洋环境动力学国家重点实验室	地学	国家海洋局	浙江
164	污染控制与资源化研究国家重点实验室	地学	教育部	上海

续表

序号	实验室名称	学科	部门	地区
165	无机合成与制备化学国家重点实验室	化学	教育部	吉林
166	稀土材料化学及应用国家重点实验室	化学	教育部	北京
167	稀土资源利用国家重点实验室	化学	中国科学院	吉林
168	系统与进化植物学国家重点实验室	生命	中国科学院	北京
169	纤维材料改性国家重点实验室	材料	教育部	上海
170	现代古生物学和地层学国家重点实验室	地学	中国科学院	江苏
171	现代光学仪器国家重点实验室	信息	教育部	浙江
172	现代焊接生产技术国家重点实验室	工程	国防科学技术工业委员会	黑龙江
173	现代配位化学国家重点实验室	化学	教育部	江苏
174	新金属材料国家重点实验室	材料	教育部	北京
175	新型陶瓷与精细工艺国家重点实验室	材料	教育部	北京
176	新药研究国家重点实验室	生命	中国科学院	上海
177	信息安全国家重点实验室	信息	中国科学院	北京
178	信息功能材料国家重点实验室	材料	中国科学院	上海
179	虚拟现实技术与系统国家重点实验室	信息	国防科学技术工业委员会	北京
180	亚热带建筑科学国家重点实验室	工程	教育部	广东
181	亚稳材料制备技术与科学国家重点实验室	材料	河北省科技厅	河北
182	岩石圈演化国家重点实验室	地学	中国科学院	北京
183	岩土力学与工程国家重点实验室	工程	中国科学院	湖北
184	眼科学国家重点实验室	生命	教育部	广东
185	遥感科学国家重点实验室	地学	中国科学院	北京
186	医学分子生物学国家重点实验室	生命	卫生部	北京
187	医学基因组学国家重点实验室	生命	教育部	上海
188	医学免疫学国家重点实验室	生命	总后勤部卫生部	上海
189	医学神经生物学国家重点实验室	生命	教育部	上海

续表

序号	实验室名称	学科	部门	地区
190	医学遗传学国家重点实验室	生命	教育部	湖南
191	医药生物技术国家重点实验室	生命	教育部	江苏
192	移动通信国家重点实验室	信息	教育部	江苏
193	遗传工程国家重点实验室	生命	教育部	上海
194	遗传资源与进化国家重点实验室	生命	中国科学院	云南
195	应用表面物理国家重点实验室	数理	教育部	上海
196	应用光学国家重点实验室	信息	中国科学院	吉林
197	油气藏地质及开发工程国家重点实验室	地学	四川省科技厅	四川
198	油气资源与探测国家重点实验室	地学	教育部	北京
199	有害生物控制与资源利用国家重点实验室	生命	教育部	广东
200	有机地球化学国家重点实验室	地学	中国科学院	广东
201	元素有机化学国家重点实验室	化学	教育部	天津
202	灾害天气国家重点实验室	地学	中国气象局	北京
203	轧制技术及连轧自动化国家重点实验室	工程	教育部	辽宁
204	植被与环境变化国家重点实验室	生命	中国科学院	北京
205	植物病虫害生物学国家重点实验室	生命	农业部	北京
206	植物分子遗传国家重点实验室	生命	中国科学院	上海
207	植物化学与西部植物资源可持续利用国家重点实验室	生命	中国科学院	云南
208	植物基因组学国家重点实验室	生命	中国科学院	北京
209	植物生理学与生物化学国家重点实验室	生命	教育部	北京
210	植物细胞与染色体工程国家重点实验室	生命	中国科学院	北京

续表

序号	实验室名称	学科	部门	地区
211	制浆造纸工程国家重点实验室	材料	教育部	广东
212	智能技术与系统国家重点实验室	信息	教育部	北京
213	肿瘤生物学国家重点实验室	生命	总后勤部卫生部	陕西
214	重质油国家重点实验室	化学	教育部	北京
215	专用集成电路与系统国家重点实验室	信息	教育部	上海
216	资源与环境信息系统国家重点实验室	地学	中国科学院	北京
217	综合业务网理论及关键技术国家重点实验室	信息	教育部	陕西
218	作物生物学国家重点实验室	生命	山东省科技厅	山东
219	作物遗传改良国家重点实验室	生命	教育部	湖北
220	作物遗传与种质创新国家重点实验室	生命	教育部	江苏

4 山西省高校科技人才政策的制定

4.1 高校人才政策制定的重要性

美国一直以来非常重视对科技人才的培养和引进，在本国人才培养上主要依赖于美国的教育资源和完善的服务体系，通过为大学提供充裕的资金，倡导美国公民从小开始科学实践，提高民众的创新观念和参与意识，完善专利和诚信制度❶。在人才引进方面，美国通过技术移民，工作签证和学生与交换签证等渠道，招纳世界范围内的技术型人才。

刘永林、傅正华和刘泽政❷的研究显示，虽然911事件出现后，美国曾一度减少各种签证的核准，但到了奥巴马政府时期，又放宽签证条件以引进技术型人才。在人才培养方面，日本政府制定了“职业训练基本计划”，为社会人员的职业训练提供保障机制。20世纪80年代以后，日本产业界对确保足够的高素质劳动力提出需求，希望实行有效的机动离职和再就业训练以保证技术人才的质量。2004年日本文部科学省作出了《以社会角度培养科学技术人才》决议，推出日本在人才培育上加强青年学者的培育资金，必须吸引国际优秀的人才❸。由于经济的快速发展，韩国政府还适时地改变了其人才培养政策的重点。如20世纪60年代主要培养轻工业人才；70年代主要培养发展重工业与化学工业所需的高级技术人才；80年代主要培养尖端产业技术集约化所需的高级科技人才；90年代则培养了能够研究和开发新技术的具有竞争力的高科技人才。韩国政府通过扩大财政支持和教育改革，适时地调

❶ 顾光明．美国培养科技创新人才的经验及启示［J］．全球科技瞭望，2007（11）：23-27.

❷ 刘永林等．美日韩三国科技政策的演变及对我国的启示［J］．科技管理研究，2013（2）：31-34.

❸ 董娟．日本科技人才培养政策与企业实践［J］．中国资源开发，2008（09）：12-16.

整了其人才培养政策和管理体制[1]。

作为专业技术人才集聚地的高校，对于人才政策的制定和执行应该更为关注。山西省高校人才政策主要以山西省教育厅出台的政策为主，山西省教育厅出台的人才政策主要包括两个系列：一个系列是人才支持计划政策，包括《高等学校优秀创新团队支持计划实施办法》、《高等学校优秀青年学术带头人支持计划实施办法》、《高等学校中青年拔尖创新人才支持计划实施办法》；另一个系列是山西省高等学校人文社会科学重点研究基地建设政策。前者针对所有学科，后者只针对人文社会科学学科。

4.2 山西省高校人才政策

4.2.1 人才支持计划政策

(1) 高等学校优秀创新团队支持计划实施办法

为进一步加强山西省高校科技创新平台建设，整合优质资源，培育和建设一批优秀创新群体，凝聚和培养一批高水平的研究开发人才队伍，为山西省高等教育的可持续发展奠定良好基础，根据《山西省中长期教育改革和发展纲要》关于实施高等教育质量水平提升工程的要求，山西省教育厅制定了“高等学校优秀创新团队支持计划实施办法”，2013 年 1 月 1 日起实施。

“高等学校优秀创新团队支持计划”（以下简称“团队支持计划”）支持以省部级以上重点学科、重点研究基地为基础，以高层次领军人才为核心，结构合理、优势互补、特色鲜明、竞争有力的研究群体。

该计划的支持范围为山西省普通高等学校。已获得过国家自然科学基金委员会、教育部和教育厅资助的团队不再列入本计划的支持范围。

申报优秀创新团队应同时具备以下条件：

1）具有相对稳定的研究方向。团队是在长期合作基础上自然形成的学术群体，具有良好的合作基础；有 3～4 个相对稳定、相互关联的研究方向，

[1] 吴莲姬．韩国人才培养政策及管理体制研究［J］．当代韩国，2004（3）：87-92.

各方向的带头人具有正高级专业技术职务且主持国家级项目（在研）；承担的课题与研究方向一致。已入选本计划支持的团队研究方向的带头人不得作为新申请团队研究方向的带头人。

2）具有明确的发展目标。研究方向属于国家和我省中长期科技发展规划、哲学社会科学研究规划的主要研究领域和重点研究课题。主要从事对经济发展、社会进步和国家安全具有战略意义的基础性、前瞻性研究，对我省转型跨越发展重大理论问题和实际问题的解决等具有推动作用、能产生良好经济或社会效益的应用研究，所从事的研究具有明确的自主知识产权目标和标志性创新成果计划，有切实可行的研究方案和技术路线。

3）具有可依托的高水平科技创新平台。以国家或省部重点学科、重点实验室（包括省部共建）、工程技术研究中心，或教育部、山西省高等学校人文社会科学重点研究基地等重点研究开发基地为依托；所在学科点为博士学位授权点。

4）具有知名度较高、影响力较大的团队带头人。团队带头人应为人事关系在山西省普通高等学校的科研教学第一线全职人员，年龄一般不超过55周岁（申请当年1月1日），身体健康。具有良好的思想政治素质、宽广的学术视野、较高的学术造诣、创新性学术思想和较强的组织协调能力；并具备下列条件之一：

①两院院士，或教育部科技委、社科委委员。

②国家重点学科首席学科带头人，国家或教育部重点实验室（包括省部共建）、工程研究中心主任，长江学者，教育部人文社会科学重点研究基地首席带头人。

③主持国家重大科学研究计划项目、国家杰出青年科学基金项目、国家“973”计划项目、国家自然科学基金、“科技支撑计划”或“863”等重点以上项目。

④获国家科学技术奖，其中一等奖前3名、二等奖第1名。

⑤科技成果获发明专利授权，并通过转化和产业化累计为学校创造纯收入500万元以上。

⑥主持国家哲学社会科学基金重点以上项目、教育部人文社会科学研究重点以上项目。

⑦获教育部高等学校科学研究优秀成果奖（人文社会科学），其中一等奖前2名，二等奖第1名。

5）具有素质较高、相对稳定、结构合理的研究梯队。团队整体学术水平在全省乃至全国同行中具有明显优势。团队成员人数一般在10～15人之间，其中至少有8名以上具有博士学位，平均年龄不超过45周岁。团队成员有充裕的时间和精力从事本计划支持的研究开发工作。

6）具有承担重大项目、取得重大成果的能力。团队成员（不含团队带头人）在研国家级科研项目在3项以上，且省、部级科研项目在6项以上。实际到位项目经费，自然科学和工程技术类团队累计在800万元以上，人文社会科学类团队累计在300万元以上。有一定数量的高水平论文、专利授权和省部级以上科技成果奖励。

7）具有与国内外同行良好的交流与合作关系，应与至少一所以上的国外著名大学或研究机构建立长期稳定的合作关系。以学校为主办单位，至少组织了1次具有一定规模的全国或国际学术研讨会，每年选派2名以上研究人员到国内外高水平的科研院所进行学术交流，主要成员每年赴国外或省外参加5人次以上学术活动。

“团队支持计划”对入选团队的实施周期为3年。资助额度：教育厅和所在高校对入选团队各提供50万元资助经费，一次核定并下拨。未及时足额落实资助经费的高校，山西省教育厅不受理申报下一年度的该计划。

受资助团队应加强国内外的学术交流与合作。资助期内应至少组织1次全国或国际性的学术研讨会。资助经费的预算中，用于国内外交流与合作的经费不得低于总经费的20％。

资助期限结束后三个月内，获资助团队带头人应填写《山西省高等学校优秀创新团队研究工作总结报告》、《山西省高等学校优秀创新团队资助经费决算表》，并附相关材料，经学校学术委员会及相关部门审核后上报省教育厅，省教育厅组织专家考核小组，采取适当方式重点对团队带头人的作用、研究队伍创新能力、人才队伍情况以及研究成果的水平与创新性等进行验收。

获资助团队成员发表、出版与本资助有关的论文、著作、学术报告以及申报成果奖励等，均应标注“山西省高等学校创新人才支持计划资助”(Supported by Program for the Outstanding Innovative Teams of Higher Learning Institutions of Shanxi，OIT）字样。软件、数据库、专利授权以及鉴定证书等相关成果知识产权的归属、使用和转移，按国家有关法规执行。

（2）高等学校中青年拔尖创新人才支持计划实施办法

为了贯彻落实“科教兴晋”、“人才强省”战略，培养、吸引和持续支持一批高素质、高层次的科研领军人才，提升我省高等学校的学术地位和竞争实力，形成合理的科技人才梯队，构筑人才高地，根据《山西省中长期教育改革和发展纲要》关于实施高等教育质量水平提升工程的要求，山西省教育厅制定了“高等学校中青年拔尖创新人才支持计划实施办法”。

“高等学校中青年拔尖创新人才支持计划”（以下简称“拔尖人才支持计划”）重点选拔和持续支持一批具有较高学术水平，较强创新能力，处于学科发展前沿，有望实现重大突破的优秀中青年学术带头人。获学术带头人计划支持后作出突出贡献的人员，可申请该计划持续支持。

该计划的支持范围为人事关系在山西省普通高等学校科研教学第一线的全职人员。按照“专家评审、项目牵引、择优支持”的办法给予项目资助。

申请人应同时具备以下条件：

1）具有良好的思想政治素质、宽广的学术视野、较高的学术造诣、创新性学术思想和较强的组织协调能力与合作精神；有为山西省经济建设、社会发展和科技进步奉献的精神。

2）在科学研究方面已取得国内外同行公认的高水平成果。有充裕的时间和精力从事本计划支持的研究开发工作，具有科学精神和良好的学术道德。

3）自然科学和工程技术类学科的申请人年龄不超过45周岁，人文社会科学类学科不超过50周岁（申请当年1月1日）。

4）申请持续支持者，年龄不超过55周岁（申请当年1月1日）。

5）除具备上述基本条件外，还须具备下列条件之一：

①国家重点学科首席学科带头人，国家或教育部重点实验室（包括省部共建）、工程研究中心主任，长江学者，教育部人文社会科学重点研究基地带头人。

②承担国家重大科学研究计划项目、国家“863”计划重大项目、国家“973”计划研究专项项目、国家“科技支撑计划”重大项目或国家自然基金

重大研究计划项目等（前2名）；主持国家杰出青年科学基金项目、国家“973”计划重大项目、国家自然科学基金重点项目、国家“科技支撑计划”重点项目或国家“863”计划重点项目等。承担国家哲学社会科学基金重大项目、教育部人文社会科学研究重大项目等（前2名）；主持国家哲学社会科学基金重点项目、教育部人文社会科学研究重点项目等。

③发表高水平的学术论文，其中在《SCIENCE》、《NATURE》等国际权威学术刊物发表1篇以上论文（以本人为第一作者或通讯作者）；论文被SSCI收录，或在《中国社会科学》发表1篇以上，并在学科门类主学报发表2篇以上（以本人为第一作者）。

④获国家科学技术奖，其中一等奖前3名、二等奖第1名。获教育部高等学校科学研究优秀成果奖（人文社会科学），其中一等奖前2名，二等奖第1名。

⑤科技成果获发明专利授权，并通过转化和产业化累计为学校创造纯收入500万元以上。

“拔尖人才支持计划”对入选者的实施周期为三年。资助额度：教育厅和所在高校向自然科学或工程技术类学科的入选者各提供20万元资助经费，向人文社会科学类学科的入选者各提供10万元资助经费，一次核定并下拨。未及时足额落实资助经费的高校，省教育厅不受理申报下一年度的本支持计划。

资助期限结束后三个月内，获资助人员应填写《山西省高等学校中青年拔尖创新人才研究工作总结报告》、《山西省高等学校中青年拔尖创新人才资助经费决算表》，并附相关材料，经学校学术委员会及相关部门审核后上报省教育厅，省教育厅组织专家，采取适当方式进行验收。

获资助人员发表、出版与本资助有关的论文、著作、学术报告以及申报成果奖励等，均应标注“山西省高等学校创新人才支持计划资助”（Supported by Program for the Outstanding Innovative Teams of Higher Learning Institutions of Shanxi，OIT）字样。软件、数据库、专利授权以及鉴定证书等相关成果知识产权的归属、使用和转移，按国家有关法规执行。

（3）高等学校优秀青年学术带头人支持计划实施办法

为进一步加强高等学校青年学术骨干队伍建设，增强高等学校创新能力，提升我省高校的学术水平和人才培养质量，根据《山西省中长期教育改革和发展纲要》关于实施高等教育质量水平提升工程的要求，山西省教育厅制定了“高等学校优秀青年学术带头人支持计划实施办法”。

“高等学校优秀青年学术带头人支持计划”（以下简称“学术带头人支持计划”）重点选拔和支持一批具有较强创新能力和较大发展潜力，已取得显著成绩的优秀青年学术带头人。

该计划的支持范围为人事关系在山西省普通高等学校科研教学第一线的全职人员。按照“限额申报、专家评审、项目牵引、择优支持”的办法给予项目资助。

申请人应同时具备以下条件：

1）具有良好的思想政治素质、宽广的学术视野、较高的学术造诣、创新性学术思想和较强的组织协调能力与合作精神；有为山西省经济建设、社会发展和科技进步奉献的精神。

2）在科学研究方面已取得高水平的成果；有充裕的时间和精力从事本计划支持的研究开发工作；具有科学精神和良好的学术道德。

3）申请人年龄：自然科学、工程技术类学科不超过35周岁，人文社会科学类学科不超过40周岁（申请当年1月1日）。申请人应具有博士学位。

4）除具备上述基本条件外，还须具备下列条件之一：

①主持国家自然科学基金、国家哲学社会科学基金、教育部人文社会科学基金等项目。

②自然科学或工程技术类学科的申请人，发表有较高学术水平论文（以本人为第一作者或通讯作者），其中被SCI收录3篇以上；或被SCI收录1篇以上，且至少主持1项省部级科技项目。

③人文社会科学类学科的申请人，发表有较高学术水平的论文，其中在《中国社会科学》发表1篇以上论文；或被SSCI收录1篇以上论文；或在国内学科门类主学报上发表2篇以上论文；或在国内学科门类主学报上发表1篇以上论文，被CSSCI收录3篇以上论文（均以本人为第一作者），且至少主持1项省部级人文社会科学项目。

④获国家科学技术奖，其中一等奖前8名，二等奖前3名；获教育部高等学校科学研究优秀成果奖（人文社会科学），其中一等奖前5名，二等奖

前3名，三等奖第1名；获省部级一、二等奖第1名。

⑤至少主持1项省部级项目，并获省部级奖（其中一等奖前3名、二等奖前2名）。

⑥获发明专利授权，并通过科技成果转化和产业化累计为学校创造纯收入300万元以上。

“学术带头人支持计划”实行限额申报。省教育厅核定申报名额。由高等学校进行遴选推荐，并将《山西省高等学校优秀青年学术带头人支持计划申请书》、《山西省高等学校优秀青年学术带头人支持计划申请人一览表》以及学校对上一年度入选者的经费配套文件和推荐函一并上报省教育厅。

“学术带头人支持计划”对入选者的实施周期为三年。资助额度：教育厅和所在高校向自然科学或工程技术类学科的入选者各提供10万元资助经费，向人文社会科学类学科的入选者各提供5万元资助经费，一次核定并下拨。未及时足额落实资助经费的高校，省教育厅不受理申报下一年度的该计划。

资助期限结束后三个月内，获资助人员应填写《山西省高等学校优秀青年学术带头人研究工作总结报告》、《山西省高等学校优秀青年学术带头人资助经费决算表》，并附相关材料，经学校学术委员会及相关部门审核后上报省教育厅，省教育厅组织专家考核小组，采取适当方式进行验收。

获资助人员发表、出版与本资助有关的论文、著作、学术报告以及申报成果奖励等，均应标注“山西省高等学校创新人才支持计划资助”（Supported by Program for the Innovative Talents of Higher Learning Institutions of Shanxi，PIT）字样。软件、数据库、专利授权以及鉴定证书等相关成果知识产权的归属、使用和转移，按国家有关法规执行。

4.2.2 人文社会科学重点基地建设政策

为进一步繁荣发展山西省哲学社会科学研究工作，提高高校哲学社会科学研究水平，加强和规范高校人文社会科学重点研究基地的科学管理，根据教育部《普通高等学校人文社会科学重点研究基地建设计划》、《普通高等学校人文社会科学重点研究基地管理办法》和省政府办公厅转发省教育厅《关于高等教育质量水平提升工程的实施意见》，山西省教育厅制定了《山西省人文社会科学重点基地管理办法》。

(1) 总则

山西省高等学校人文社会科学重点研究基地（以下简称重点研究基地）是科研制度创新的重要成果，是聚集和培养优秀学术人才，主要围绕山西省转型、跨越发展的战略，针对学科前沿和社会经济发展中的重大理论与实践问题，组织高水平研究的新型科研组织，在产出创新成果，形成学术交流开放平台，带动高校哲学社会科学发展创新等方面发挥着重要作用，成为山西省哲学社会科学创新体系的重要组成部分。

重点研究基地建设按照“定位明确、层次清晰、分类指导、科学管理”原则，重点建设高水平和体现区域特色两个层次的省级人文社会科学重点研究基地，推进高校哲学社会科学研究上层次、上水平。

高水平的重点研究基地原则上要依托办学历史较长、具有人文社会科学学科博士学位授予权的高校建设，且必须有省级以上重点学科或博士学位点作支撑，要更加注重质量提高、注重内涵发展，争取成为国家和教育部人文社科重点研究基地。

体现区域特色的重点研究基地建设要依托本科高等学校建设，挖掘潜力，整合力量，突出地域、学校、学科等方面的特色和优势，提高服务能力，建设体现区域和学校特色、为区域经济社会发展服务的科研创新平台。

重点研究基地建设采取“成熟一家，设立一家”的方式，高校可在条件成熟时向省教育厅申请设立重点研究基地。省教育厅在相同研究领域内不重复设置重点研究基地。

(2) 管理体制

重点研究基地由省教育厅和高校共建，以高校自建为主，鼓励和支持高校与地方政府部门、企事业单位共建，实行“竞争入选、定期评估、不合格淘汰、达标替补”的动态管理模式。重点基地建设每四年为一个周期，在检查和评估达标的基础上进入下一个建设周期。对评为优秀的重点研究基地给予经费和科研项目等方面的倾斜，对未能通过评估的重点研究基地酌情采取减少经费、限期整改直至取消基地资格的惩罚措施，在动态竞争中保持重点研究基地的先进性。

省教育厅在重点研究基地建设中的主要职责：负责重点研究基地建设计划、规章制度的制定和修改；组织重点研究基地的申报、专家评审和检查评估；对重点研究基地的建设进行指导并负责专项经费资助。

依托高校在重点研究基地建设中的主要职责：组织本学校科研体制改革和重点研究基地推荐申报工作，并负责具体实施和管理；制定本校重点研究基地的具体建设计划和中长期学术研究计划，并负责检查、落实；为重点研究基地提供良好的科研条件和经费；组织和支持重点研究基地的重大学术活动；定期向省教育厅报告重点研究基地工作。

重点研究基地应是高校直属、独立设置、与院系平行的科研实体机构，能够自主安排科研工作、聘任专兼职人员、制定内部分配制度，经费实行独立核算。

重点研究基地主任由依托高校校长聘任。双方须签订责、权、利明确且具有法律效力的定期聘任合同，明确规定受聘人的目标责任、管理权限、奖惩措施和业绩考核标准。受聘者一般不超过60岁。高校解聘或调整重点研究基地主任应事先与省教育厅协商。

重点研究基地实行主任负责制，其主要职责是：负责全面实施省教育厅确定的重点研究基地建设标准，实施学术委员会确定的科研发展规划，制定内部管理制度并负责落实；负责聘任副主任、专兼职研究人员及管理人员；负责日常管理工作，筹集和批准使用经费；负责向高校科研部门、主管校领导和省教育厅汇报工作。

重点研究基地设学术委员会作为学术研究指导机构，其主要职责和工作程序如下。

①制定和修改学术委员会章程；审议重点研究基地的学术研究方向及中长期研究发展规划。

②学术委员会成员应是国内外同学科领域的著名学者，组成人员应为单数且不少于5人，其中本校学者不应超过三分之一，主任委员经全体学术委员会成员选举产生，并由依托高校聘任。学术委员会人员名单报教育厅备案。

③学术委员每届任期四年，每届更换人数不得少于三分之一。学术委员会每年至少举行一次全体会议。学术委员会成员的产生办法以及换届、增补、主任人选、民主表决程序等事项，应在章程中做出明确规定。学术委员会章

程应报省教育厅备案。

(3) 人员管理

重点研究基地专兼职人员均须打破终身制，由主任按“带（给）课题和经费进基地、完成课题后出基地”的要求聘任，签订责、权、利明确且具有法律效力的定期聘任合同。聘任合同至少包括：研究课题名称、课题来源；经费数额、经费来源；聘任时间、专职或兼职；办公室、计算机设备使用及其他保障条件；研究成果考核标准；奖惩措施等。

为保证基地的稳定性和开放性，校内专职研究人员一般不应少于 5 人，校内兼职研究人员不应少于 5 人，校外专兼职人员不少于 3 人。

各重点研究基地应聘任 1～2 名专职管理人员，协助主任处理日常管理工作。

(4) 项目管理

重点研究基地应把承担重大科研项目、产出具有创新性和高水平的科研成果作为基地建设的首要任务。重点研究基地要坚持良好学风，恪守学术规范，强化质量意识，注重成果转化，在认真做好基地项目研究工作同时，应主动从国家和省直有关部门承揽其他科研项目，并积极承担其他政府部门和企事业单位的委托研究项目。

重点研究基地项目采取省教育厅与项目承担学校共同管理的办法，严格按照《山西省高等学校哲学社会科学研究项目管理办法》执行。基地项目必须围绕基地中长期建设发展规划凝练研究方向，整合队伍，突出特色，并有预期的标志性成果。

(5) 人才培养

重点研究基地应积极吸收中青年教师参加基地项目研究，培养高素质的学术带头人和中青年学术骨干；积极吸收研究生参加课题组，促进硕士、博士等高级专门人才的培养；有条件的重点研究基地应积极吸收博士后进入重点研究基地参加研究工作。

重点研究基地应把基地项目的研究与新课程的开发紧密结合起来，每个重点研究基地在四年评估时至少应开发三门以上的新课程，促进最新研究成果向教学层面转化，在更新教学内容和提高教学水平方面发挥积极作用。

重点研究基地在有条件的情况下应尽可能为社会各界提供以知识更新为主要内容的培训，这也是科研成果转化的重要任务。高校和相关院系应积极支持重点研究基地自主举办各类培训班，并支持其将培训收入留作发展基金使用。

(6) 成果管理

由重点研究基地经费资助的研究成果（包括论文、专著和研究报告等），作者署名单位应为相应的基地（如 XX 大学 XX 研究中心）名称，或标注得到相应的基地（如 XX 大学 XX 研究中心）的经费资助。

基地项目研究所取得的研究成果，须在显著位置注明“山西省高等学校哲学社会科学研究项目资助”（Supported by Program for the Philosophy and Social Sciences Research of Higher Learning Institutions of Shanxi，PSSR）字样。未按上述要求注明者，一律不予结项。基地项目的研究成果，其著作权由省教育厅、基地和作者三方共同享有。

基地项目研究成果的中期检查、终结报告、成果验收鉴定，按《高等学校哲学社会科学研究项目管理办法》的有关规定执行。

(7) 学术交流

各重点研究基地每两年须至少主办一次高水平学术活动，借以组织科研队伍、研讨重大理论和实践问题并发挥省级专业研究学术交流中心的作用。活动结束后，基地应及时向省教育厅报送有关材料，包括：会议计划（包括会议名称、时间、地点、主题、参会人员、经费预算等）、会议纪要、会议成果和会议通知等。

高校应为重点研究基地优先提供出国访问学者名额，并为国内外学者来访提供相应的保障条件。

(8) 经费管理

重点研究基地建设经费由省教育厅和高校共同投入。省教育厅对重点研究基地的投入主要用于基地项目研究，所在高校须根据省教育厅的资助经费额度，按不低于 1∶1 的比例提供配套经费，并提供必要的图书资料网站建设经费、学术活动经费和日常办公经费，并将其列入高校年度经费预算。

高校财务管理部门须为基地全部经费使用情况单独建账，独立核算。

重点研究基地应积极开展咨询服务和短期培训，广开经费筹措渠道。

(9) 科研设施与图书资料、网络管理

重点研究基地须具备的条件：科研办公用房不得少于120平方米；拥有必要的办公、实验室用房及设备；具有充足的专业图书资料，特别是外文图书资料。

高校图书馆应优先满足重点研究基地图书资料特别是外文图书资料的定购需要，并提供有关资料编目、信息查询服务。

重点研究基地要加强网站建设，建设本学科领域的中外文专业性网站，做到内容丰富并及时更新。为充分利用网络功能进行学术交流，重点研究基地要在自己的网站建立学术交流平台。

(10) 档案管理

各重点研究基地应建立完备的科研档案管理制度，并指定专人负责档案管理工作。档案管理的范围包括：

◎科研人员档案，如聘任合同书、出国学术交流证明等；

◎科研项目档案，如立项通知书、委托研究合同书等；

◎科研成果档案，如研究成果正本、奖励证书等；

◎学术活动档案，如活动通知、活动纪要等；

◎科研经费档案，如纵向、横向经费情况等；

◎工作报告档案，如工作简报、学术委员会会议纪要及决议文本、基地大事记等；

◎其他档案。

(11) 报告制度

各重点研究基地应建立工作简报制度。简报内容包括：

◎重大学术活动报告，如学术委员会会议纪要、学术会议纪要、高校工作部署的落实情况等；

◎重大项目进展情况报告；

◎科研成果、提交有关部门的咨询报告；

◎规章制度制定、修改和执行情况报告；

◎其他有关工作情况报告。

各重点研究基地可根据自己的工作进展情况及时通过网上报送。

（12）检查评估

为了促使重点研究基地尽快达到建设标准，各依托高校要加强对重点研究基地的指导、检查和协调，帮助重点研究基地解决问题。

教育厅每四年组织一次基地评估，同时受理新的同类基地的竞争申报。在开展年度检查和四年达标评估的基础上，使重点研究基地建设通过不合格淘汰、竞争递补的方式，在动态管理中保持先进性。评估的重点、主要内容和办法是：

◎评估重点：以科研质量为导向，重点考察学术水平和学术贡献、基地项目的研究成果、学术队伍和整体运作。对基础研究类的成果侧重评价原创性和学术性，对应用研究类的成果侧重评价应用价值和社会效益。各重点研究基地要逐渐形成自己的学术风格，强调拔尖人才培养，强调标志性的有重大影响的学术成果的产出。

◎评估内容：

重点研究基地完成科学研究、人才培养、学术交流、资料信息建设和咨询服务等5个方面的工作情况。高校在科研体制改革以及设施、经费、政策等方面支持基地建设的措施落实情况。

◎评估办法：

评估（竞评）工作采取会议评审和实地考察相结合的办法。被评估基地的《评估报告书》与参与竞评机构的《申请评审书》发放专家进行评审，平等竞争，最后以专家实地考察组无记名差额投票、三分之二多数票通过的办法，经教育厅综合协调，列入新一轮基地建设。通过评估的重点研究基地和新列入基地建设计划的研究机构名单，由省教育厅发文公布。

在检查和评估中发现下列情况之一者，可视具体情况给予警告、减少拨款、停止拨款、限期整改、撤销资格等处理：

——重点研究基地的办公用房、仪器设备、图书资料、网络建设等不达标或无明显改善；

——高校的配套经费未到位；

——高校支持基地的政策措施没有落实；

——无正当理由，未按计划开展基地项目研究工作，或没有取得有影响的研究成果；

——评估中发现有弄虚作假、谎报数据等现象；

——基地项目成果存在抄袭剽窃和其他违反学术规范的行为；

——经专家评估确认，其他高校同一研究方向的科研机构其整体研究水平和实力已超过现有重点研究基地。

（13）附则

该办法从发布之日起施行。省教育厅2004年印发的《山西省高校人文社会科学重点研究基地管理办法》同时废止。各高校制定的实施细则和各重点研究基地制定的内部管理规章制度，不得与该办法冲突。

4.3 优秀人才计划建设实效

4.3.1 高等学校优秀创新团队建设实效

选择2010年山西省高等学校优秀创新团队（见表4-1）作为研究样本，主要原因在于2010年至2013年，团队建设已经有一定时间，已经能够取得一定的科研成绩。拔尖人才和中青年学术带头人的样本选择，也是选择的2010年度的，主要原因同创新团队。

2010年山西省高等学校优秀创新团队共有三个，从带头人的研究方向所属学科来看，山西大学行龙教授长期从事中国近现代史及社会史的研究与教学❶，属于人文社会科学。太原理工大学董晋湘教授致力于精细无机化学品合成、特性与应用研究❷，山西师范大学武海顺教授从事无机化学、结构化学、分子设计和量子化学的教学与研究工作❸，都属于理工科。选择行龙教授的团队作为研究样本。通过研究该团队带头人和研究骨干2010年至2013年取得的科研成果和荣誉，看团队建设功效。

---

❶ 行龙，http：//baike. baidu. com/link？ url=m1KZg7BY9q2Z6WWDLOGQUZJGdbQ8XrigwunJ6965U0COuXbs1ZyHC7WMj8GLR1_ .

❷ 太原理工大学科技处，http：//www. tyut. edu. cn/kejichu/details_ kyyc. asp？ articleid=4.

❸ 南京氨法脱硫仪表的博客，http：//blog. sina. com. cn/s/blog_ 649886d60100qevj. html.

检索团队2010～2013年的科研情况，检索方法为：在CNKI数据上以作者逻辑与作者单位的方式，检索团队成员以第一作者发表的学术论文；在百链云图书馆检索团队成员以第一作者出版的专著；在国家自然基金网站、全国哲学社会科学办公室网站检索团队成员获得的国家级项目；在山西省社科网站检索团队成员获得的省级奖项。

所有成果均统计团队成员为第一责任人的。(见表4-2)

表4-1　2010年度山西省高等学校优秀创新团队

依托高校	带头人	研究骨干	团队成员
山西大学	行　龙	岳谦厚、郝　平、张俊峰、胡英泽、韩晓莉、常利兵	马维强、苏泽龙、李　嘎
太原理工大学	董晋湘	李福祥、李晋平、薛永强、曹　青、吕志平、徐　红	刘永梅、程文萍、刘　雷、赵　强
山西师范大学	武海顺	张献明、许小红、杜黎明、张进军、张丽芳、付云龙	范哲锋、韩素琴、郭　玲、李步通

表4-2　山西大学行龙团队2010-2013年取得的科研成绩

姓名	论文	专著	立项项目	时间(年)	荣誉	时间(年)
行　龙	11	3	国家社科基金重大项目	2012	省社会科学研究优秀成果一等奖 宝钢优秀教师奖 山西省优秀教学成果一等奖	2012 2010 2010
岳谦厚	24	2	国家社科基金重点项目	2012	省社会科学研究优秀成果二等奖 教育部第六届高等学校人文社会科学优秀成果奖 省高等学校人文社会科学研究优秀成果一等奖 山西省新世纪学术技术带头人 山西省中青年拔尖创新人才	2012 2012 2012 2012 2013

续表

姓名	论文	专著	立项项目	时间(年)	荣誉	时间(年)
郝　平	10	2			省社会科学研究优秀成果二等奖	2012
张俊峰	4	2	国家社科基金青年项目	2013		
胡英泽	6	1	国家社科基金一般项目	2013		
韩晓莉	4	1	国家社科基金青年项目	2010		
常利兵	5					

从表4-1和表4-2的情况来看，被评为山西省高等学校优秀创新团队之后，行龙教授及其团队骨干7人，在2010年到2013年共立项国家社科基金项目5项，发表论文64篇，获得山西省社会科学研究优秀成果奖一等奖1项、二等奖2项，获得山西省优秀教学成果一等奖1项，获得教育部第六届高等学校人文社会科学优秀成果奖1项，培养了山西省新世纪学术技术带头人和山西省中青年拔尖创新人才。该团队也是山西省高校人文社会科学重点研究基地的主要成员，依托基地建设团队，取得了较好的科学研究成果和实效，在山西省人文社会科学界起到一定的科学研究示范作用，在国内学术界也有了一定的影响力。

4.3.2 拔尖人才计划实效

选择2010年山西省高等学校中青年拔尖创新人才（见表4-3）作为研究样本，主要原因在于2010年至2013年，已经有一定时间，已经能够取得一定的科研成绩。

检索人才2010—2013年的科研情况，检索方法为：在CNKI数据上以作者逻辑与作者单位的方式，检索人才以第一作者发表的学术论文；在太原理工大学检索中心检索人才被SCI、EI收录的情况，在百链云图书馆检索团队成员以第一作者出版的专著；在科技部网站、国家自然基金网站、全国哲学社会科学办公室网站检索人才获得的国家级项目；在山西省社科网站检索团队成员获得的省级奖项；在网站搜索人才获得国家大奖的情况。

由于山西大学石岩教授所属学科为体育，其余拔尖创新人才所属学科均为自然科学，自然科学研究成果体现的方式不同于社会学科，检索成果列为表，表中没有统计石岩教授的科研成果。

所有成果均统计入选人才为第一责任人的。（见表4-4）

表4-3 2010年度山西省高等学校中青年拔尖创新人才名单

学校	姓名	学校	姓名	学校	姓名
山西大学	石岩、双少敏	山西医科大学	李青山	中北大学	熊继军
太原理工大学	王云才	山西师范大学	许小红		

表4-4 山西省拔尖创新人才2010—2013年科研成绩

姓名	SCI	EI	立项项目	时间（年）	荣誉	时间（年）	专利
双少敏			国家自然基金项目（60万元）	2012			总计16
李青山			不详		山西省科技进步二等奖	2010	17，国际2
熊继军			973（69万元） 国家自然基金项目（43万元）	2010 2011	国家科学技术进步二等奖 国家首批中青年科技创新领军人才 国防科学技术进步一等奖	2012 2013 2010	总计41
王云才			不详				
许小红			国家杰出青年科学基金（200万元）	2010	中共第十八次全国代表大会代表 山西省自然科学奖一等奖	2012 2010	

从表4-3和表4-4来看，2010年到2013年，除了李青山与王云才的立项项目情况不详之外，剩下的三位拔尖人才都争取到了国家自然基金项目，经费在43万到200万之间；从科研获奖情况来看，熊继军获得了国家科学技术进步二等奖、国防科学技术进步一等奖，入选国家首批中青年科技创新领军人才。许小红当选中共第十八次全国代表大会代表。许小红和李青山都曾获得山西省科技进步奖，取得了较好的实效。

从服务地方经济来看，也有一定的实效。以李青山依托的山西医科大学药学院来看，与山西省唯一一家医药企业上市公司——亚宝药业集团达成联盟协议，成立山西医科大学亚宝药业太原制药企业技术中心。一项国家三类新药获转让费135万元。近3年来，为企业提供的技术服务与签订的服务协议10余项，合作总经费近100万元，与企业联合培训员工1000余人次。

4.3.3 优秀青年学术带头人计划实效

2010年度山西省高等学校优秀青年学术带头人共有34人，来自山西省的老八所本科院校，出于数据获取的容易性，选择其中从事人文社会科学的带头人，从CNKI数据库上检索他们2010年到2013年发表的论文，从百链云图书馆检索他们出版著作的情况，从国家自然基金网站和全国哲学社会科学办公室网站检索他们国家级项目立项情况，看其实效。所有成果均为第一作者。（见表4-5和表4-6）

表4-5 2010年度山西省高等学校优秀青年学术带头人名单

学　校	姓　名
山西大学	郭万金、刘　杰、张俊峰、石　涛、贾君枝、李永民、张亚静、郑文萍
太原理工大学	张洪潮、冯国瑞、赵雪花、安润玲、高志华、任　军
山西农业大学	张建海、吕晋慧、吴永美
山西医科大学	李云兰、杨自权、杨　瑾、封启龙、焦向英
山西师范大学	杨　飞、李新宇、贾建峰、张丽敏、杨永青
山西财经大学	李　鹏、徐岩红
中北大学	刘茂省、胡胜亮、丑修建、闫树斌
太原科技大学	何秋生

表4-6 优秀青年学术带头人2010—2013年论文

姓名	论文	发表刊物	专著	项目	时间（年）
郭万金	5	晋阳学刊、文学评论、晋中学院学报、苏州大学学报（哲学社会科学版）	4	国家社科基金项目	2011

续表

姓名	论文	发表刊物	专著	项目	时间（年）
刘　杰	7	哲学研究、中共山西省委党校学报、学理论、科学技术哲学研究、自然辩证法研究、晋图学刊	1	国家社科基金项目	2011
张俊峰	4	史学理论研究、史林、山西大学学报（哲学社会科学版）			
石　涛	6	历史研究、清史研究、沧桑、中国经济史研究、全球史评论	2		
贾君枝	21	中国图书馆学报、情报科学、图书馆杂志、图书馆论坛、图书情报工作、情报理论与实践、图书馆建设、国家图书馆学刊、情报杂志		国家社科基金项目	2011
张洪潮	21	中国煤炭、地域研究与开发、会计之友、中国市场、中国高新技术企业、生产力研究、第十二届中国管理科学学术年会论文集、山西煤炭、煤炭经济研究、中国矿业、统计与决策、科技进步与对策、中国流通经济、煤炭学报、山西高等学校社会科学学报、中国管理科学	1		
杨　飞	3	求是学刊、中华戏曲	1		
李新宇	5	文学评论、河南师范大学学报（哲学社会科学版）、重庆社会科学、忻州师范学院学报	1	国家社科基金项目	2011
李　鹏	5	华中科技大学学报（社会科学版）、贵州社会科学、人文杂志、中国政法大学学报、湖南科技大学学报（社会科学版）	2		
徐岩红	7	文艺研究、沧桑、艺海、山西档案、山西大学学报（哲学社会科学版）			

从表4-5和表4-6来看，2010年到2013年期间，10位中青年学术带头人以第一作者发表论文84篇，每人每年发表近3篇论文，其中，太原理工大学张洪潮和山西大学贾君枝21篇。10人中有4人获得了国家社科基金项目资助，并且都在2011年。10人共出版著作12部，平均每人1部，出版最多的山西大学郭万金，有4部著作。

从检索结果来看，这10位从事人文社会科学研究的青年带头人，在发表论文、出版著作、获得科研项目方面都取得了较好的成绩。但是，通过他们所依托的大学网站检索情况来看，在横向课题立项以及服务地方经济方面，几乎没有作过什么贡献，个别带头人所依托的团队作出过一定的贡献，如山西大学张俊峰所依托的团队为山西旅游发展、盗窃文物鉴定等方面作过贡献。检索结果表明，山西省高校人文社会科学的研究还需要进一步走向应用，而不仅仅局限在申报纵向课题、发表相关论文上面。

4.4 人文社会科学基地建设实效

4.4.1 人文社会科学基地评估标准

山西省高等学校人文社会科学重点研究基地建设工作启动以来，省厅先后立项建设了23个省级人文社科重点研究基地。为进一步加强山西高校人文社会科学重点研究基地建设，构建定位明确、层次清晰、衔接紧密的哲学社会科学研究创新平台体系，推进山西高校哲学社会科学研究上层次、上水平，根据山西省教育厅《高等学校人文社会科学重点研究基地管理办法》（晋教科［2012］6号）文件的有关规定，山西省教育厅将于2013年11月～12月对建设期满的省级人文社科重点研究基地进行评估。同时，山西省教育厅还出台了《山西省高等学校人文社会科学重点研究基地评估标准》，见表4-7。

表 4-7　山西省高等学校人文社会科学重点研究基地评估标准

一级指标	满分	二级指标	满分	三级指标	满分	评分标准
基础指标	30	基础设施和硬件	7	场所	3	完备的行政办公、科学研究和图书资料室用房等基础设施
				资料库	2	基地图书资料室建设和专职资料人员配备
				信息化	1	有专门的基地网站（网页不计入在内）
				刊物	1	有专门的基地学术刊物（包括集刊和电子期刊），或在学报开设专栏
		人员队伍和学术委员会	7	人员组成	3	梯队和结构合理的专兼职研究人员队伍
				学术委员会	3	学术委员会组织健全、工作情况良好
				行政人员	1	专职行政人员配备合理，有专职行政科研干事或科研秘书
		科研办公经费	3	专项经费	2	学校有基地科研经费、办公经费等专项经费资助
				经费管理	1	科研办公经费使用和管理规范、合理
		基地管理	6	机构设置	2	基地实行主任负责制，为实体性设置
				管理制度	2	具有学校正式公布的齐全完整的管理制度文件
				学术规范	1	基地组成人员的科研成果及以基地署名的科研成果不存在学术不端行为
				档案管理	1	完善的档案管理
		研究方向	7	研究方向	4	依托学科优势，形成鲜明的基地研究特色、明确的研究方向和研究重点
				发展规划	3	基地中长期学术研究计划制定和综合实施情况

续表

一级指标	满分	二级指标	满分	三级指标	满分	评分标准
科学研究	26	项目与经费	12	纵向项目	5	承担一个国家级项目计 1 分；承担一个国家级重点项目计 3 分；承担国家级重大项目计 5 分；没有不计分；可累计直至满分
				企事业委托合作项目	3	按项目经费额度：2 万～10 万元每个项目 0.3 分；10 万～30 万元 1 分；30 万元以上每个 2 分；2 万元以下的项目不计；可累计直至满分
				基地项目立项与结题情况	2	在研基地项目不少于 3 个，且已立项项目能够按期保质结项
				项目经费投入	2	2009-2012 年项目经费投入总额：50 万～100 万元计 1 分，100 万元以上计 2 分，达不到 50 万元不计分
		科研成果（只计入基地署名的成果）	14	学术著作	2	出版一部计 0.5 分；没有不计分；可累计直至满分
				论文发表	5	《中国社会科学》、《新华文摘》和一级学科主学报每篇计 1 分；其他 CSSCI 每篇计 0.2 分；可累计直至满分
				影响力	2	2009-2012 年基地署名论文总被引和高被引情况（根据 CSSCI 统计）
				科研奖励	5	教育部科研优秀成果奖每项计 3 分，省哲社优秀成果奖一等奖每项计 2 分，二等奖每项计 1 分，没有不计分；可累计直至满分

续表

一级指标	满分	二级指标	满分	三级指标	满分	评分标准
社会服务	14	成果转化	8	决策咨询	5	基地成果被国家领导人批示1次计5分，被省部级领导批示1次计2分，被政府及企事业单位采用计1分；可累计直至满分
				成果转化教材	3	获得国家级精品课程或精品教材1部2分；省级精品课程或精品教材1部1分；没有不计分；可累计直至满分
		直接服务	6	重大委托任务	3	承担国家委托任务3分/次；省部级党和政府委托任务2分/次；其他委托任务1分/次；中央报刊发表文章1分/次；没有不计分；可累计直至满分
				培训和宣传	3	基地为社会各界提供以知识更新为主要内容的培训（或学术讲座）一次计1分；可累计直至满分；没有不计分
人才建设	10	创新人才培养	4	创新人才培养	4	团队入选教育部创新团队计3分，入选省科技创新团队或高校优秀创新团队计1分；基地专职人员入选长江学者计2分；中组部青年拔尖人才或新世纪优秀人才或省中青年拔尖创新人才计1分；入选省青年拔尖人才、优秀青年学术带头人计0.5分；没有不计分；可累计直至满分
		人才引进	1	高层次人才引进	1	专家视基地实际评定
		研究生培养	2	博硕士培养	1	专家视基地实际评定
				优秀博硕士论文	1	专家视基地实际评定
		学术交流	3	学术交流与合作、学术活动	3	进修培训、出国访学、承办国际国内学术会议、参加高层次学术活动等情况，专家视基地实际评定

续表

一级指标	满分	二级指标	满分	三级指标	满分	评分标准
发展能力	20	学科建设	4	学科建设	4	国家重点学科（含培育）4分；省重点学科3分，重点建设学科2分，重点扶持学科1分，没有不计分
		学术影响力增长	4	基地署名文章总被引增长率	4	根据CSSCI统计，2009—2012年每年较上一年度增长计1分，可累计直至满分
		经费增长	4	年均经费增长	4	2009—2012年期间年均经费增长在30%以上计4分，15%～30%计2分，5%～15%计1分，低于5%不计分
		研究生培养	4	博士化率	2	博士占基地专职研究人员总数的80%以上计2分，50%～80%计1分，低于50%不计分
				首席专家	2	基地首席专家学术知名度和社会兼职情况
		协同创新度	2	与其他科研力量深度合作	2	专家视基地实际评定
		社会认同度	2	社会认同度	2	专家视基地实际评定

4.4.2 建设期满的人文重点基地

2013年山西省教育厅即将评估的建设期满的省级人文社科重点研究基地有11个，见表4-8。这11个基地的依托高校为：山西大学、山西财经大学、山西师范大学、山西大同大学、运城学院，分别在2004年、2007年、2009年被批准为重点基地。根据《山西省高等学校人文社会科学重点研究基地评估标准》，可以看出基地建设实效。

表 4-8　建设期满的省级人文社科重点研究基地名单

依托单位	名　　称	批准文号
山西大学	区域社会史研究中心	晋教科［2004］14 号
	旅游研究中心	晋教科［2004］14 号
	管理与决策研究中心	晋教科［2004］14 号
	国学研究中心	晋教科［2007］10 号
	马克思主义中国化研究中心	晋教科［2007］10 号
	地方高等教育研究中心	晋教科［2009］4 号
山西财经大学	晋商研究院	晋教科［2004］14 号
山西师范大学	戏曲文物研究中心	晋教科［2004］14 号
	教师教育研究中心	晋教科［2009］4 号
山西大同大学	云岗文化研究中心	晋教科［2007］10 号
运城学院	河东文化研究中心	晋教科［2007］10 号

4.4.3 山西大学人文社科基地建设实效

山西省人文社科重点研究基地建设实效，可以依据《山西省高等学校人文社会科学重点研究基地评估标准》来体现。由于标准规定的指标体系指标比较多，指向的数据不易从公开信息源获取，所以，我们选择山西省高等学校人文社会科学重点研究基地网站建设比较好、资料公开比较多的作为研究样本，最后选择的样本为山西大学区域社会史研究中心和马克思主义中国化研究中心为研究样本，从山西大学门户网站上检索到相关信息，研究这两个基地建设的实效。

(1) 基地基本情况比较(见表4-9)

表4-9 山西大学人文社科重点基地基本情况比较

基地名称	主任	委员会	科研人员	主要科研人员	研究方向
区域社会史研究中心	行龙教授 郝平副教授 胡英泽教授	学术委员会主任：乔建，专家委员会主任：行龙	专职9名，均为博士，教授3名，副教授5名，讲师1名	行龙、郝平、张俊峰、胡英泽、韩晓莉、马维强、常利兵、李嘎、赵中亚	区域社会史 抗日根据地 考古与晋文化 北朝社会史
马克思主义中国化研究中心	邸敏学教授 赵宇霞教授		专兼职20人。高级职称15人，博士12人。博导5人	邸敏学、赵宇霞、张利萍、邢云文、姬文刚、尹占文	中国特色社会主义经济研究， 马克思主义发展理论研究， 马克思主义研究， 马克思主义法学研究

从表4-9可以看出，山西大学两个人文社会科学研究重点基地基本情况较好，区域社会史研究中心一个副主任郝平还是副教授，另一个副主任胡英泽也是在近期才晋升教授的，这两个副主任都是该中心自己培养的博士，符合年轻化。从主要科研人员来看，一个中心6个人，一个中心9个人，队伍短小精悍，并且都是以博士为主。从研究方向来看，都是四个研究方向，区域社会史研究中心是以山西地方特色为研究方向的，马克思主义中国化研究中心也延续了中国特色。区域社会史研究中心不但健全了学术委员会，还健全了专家委员会。

（2）基地科研成果比较（见表 4-10）

表 4-10　山西大学人文社科重点基地科研成果比较

基地名称	论文	专著	教材	项目	经费	获奖情况
区域社会史研究中心	1A 7 篇；1B 55 篇；1C 149 篇；其他 48 篇	20 多部	参与统编教材 7 部	主持国际合作项目，国家社科基金重大招标项目、国家社科基金重点项目、一般项目、青年项目及教育部人文社科基金项目 40 多项	167.2 万元	省级以上奖共 24 项
马克思主义中国化研究中心	200 篇	33 部	5 部	主持科研项目共 62 项，其中国家社科基金 5 项，教育部社科基金 9 项，省级科研项目 48 项	主任 56.7 万元	省级以上奖共 27 项

从表 4-10 来看，近年来，两个基地都发表了 200 篇以上的论文，出版了二三十部专著，主编参编了多部教材，主持科研项目 40 多项，其中国家级项目所占比例逐年增加，年度科研经费能够达到几十万，获得的科研成果奖项也有 20 多项，团队在科学研究方面取得了较好的成绩。

（3）基地其他情况比较（见表 4-11）

表 4-11　山西大学人文社科重点基地其他情况比较

基地名称	学术交流	博士培养	发展规划	主任其他荣誉
区域社会史研究中心	2003 年开始，每年定期召开至少一次学术讨论会。如“区域社会史比较研究中青年学者国际学术讨论会”，“人口、资源、环境与社会变迁国际学术讨论会”，“中国社会史研	殷俊玲（2005 年），张俊峰（2006 年），郝平 刘润民（2007 年），	（1）在 3～5 年内出版专著《明清以来山西人口资源环境与社会变迁》（2）各方向在 3～5 年内完成一部或几部专著，如《走向田野与社会》、《山西根据地史》、《山西旧石器文化遗址研究》、	行龙教授主持并先后获得了“区域社会史导论国家级精品课程”、“区域社会史研究国家级优秀教学团队”两项

续表

基地名称	学术交流	博士培养	发展规划	主任其他荣誉
区域社会史研究中心	究的理论与方法暨纪念乔志强先生诞辰 80 周年学术讨论会”，“首届集体化时代的中国农村社会研究国际学术讨论会”等。与日本东洋文库、香港中文大学中国研究服务中心等研究机构建立了长期合作研究和交流的关系	胡英泽、李伟、张世满（2008 年），韩晓莉、马维强、周亚（2009 年），常利兵、邓宏琴、苏泽龙（2010 年）	《晋文化考古》、《北朝史》等 （3）在各自方向每年发表 2～3 篇核心期刊文章。团队每年在本学科权威刊物发表 1～2 篇论文 （4）每年争取经费 100～150 万元 （5）团队每年争取承担国家级项目 2～3 项，省部级项目 5～10 项 （6）团队在 3～5 年内培养山西省青年学术带头人2～3名，杰出青年学术带头人1～2名	荣誉。行龙主编的《中国近代社会史概论》亦被列为教育部“十二五”规划教材
马克思主义中国化研究中心	中国社会科学院马克思主义研究院院长、国务院学科评议组召集人、博士生导师、《马克思主义研究》主编程恩富教授，2012 年 3 月 18 日做了题为“中国特色社会主义制度体系建设研究”学术报告			郎敏学教授为山西省教学名师，山西省中国特色社会主义研究会理事长，全国“教学能手”

从表 4-11 来看，团队学科带头人在省内外享有一定的学术声誉，在带团队发展方面积累了一定的经验，不仅培养了一定数量的博士研究生，而且关注国内外学术交流活动的开展，以及团队的发展规划，这与基地评估标准

相吻合，并且与国家对科技发展的规划相吻合。

(4) 发明专利及其转让情况（见表4-12)

山西大学区域社会史研究中心还获得了相关发明专利，产生了一定的社会、经济效益，见表4-12。

表4-12 山西大学区域社会史研究中心国内发明专利及转让情况

项目名称	完成人	采纳单位、时间	社会、经济效益
太原隋代虞弘墓	张庆捷	太原市政府（2000年3月）	太原市目前计划在虞弘墓附近修建博物馆
山西吉县柿子滩旧石器时代遗址考古发掘	石金鸣、赵瑞民、郎保利	国务院（2001年8月）	吉县柿子滩旧石器时代遗址被列为国家重点文物保护单位
《山西通史》	李书吉	高平市政府（2002年1月）	书中关于长平之战的研究，为高平市政府提供了开发长平古战场的依据，至今已投资开发
太原市公安局查获文物的鉴定	张庆捷	太原市中级人民法院（2002年2月）	太原市中级人民法院依据鉴定结果做出合理处罚
山西省文物商店文物修复项目	石金鸣、赵瑞民、郎保利	山西省文物商店（2003年10月）	修复的文物使商店获利430万元
大同市博物馆被盗文物	赵瑞民 王银田	大同市公安局	大同市公安局采纳根据鉴定结果做出处罚
山西大学文物陈列室陈列项目	郎保利 赵瑞民	山西大学（2003年9～10月）	是山西省唯一的校级博物馆

从表4-12来看，山西大学区域社会史研究中心的科学研究，为山西省地方经济，特别是旅游经济的发展，作出了突出贡献。它解决了山西省太原市、大同市、高平市乃至国家旅游发展的一些问题，也在文物建设和保护方面完成了《大同市博物馆被盗文物》、《太原市公安局查获文物的鉴定》等项目，应用在了博物馆建设和旅游资源开发上面。

5 山西省高校科技奖励政策的制定

5.1 科技奖励相关因素

5.1.1 科技投入及其政策

陈霞玲[1]（2010年）在其硕士论文当中，通过国家统计年鉴数据显示，我国高校科技经费来源比较单一，政府和企业是我国高校科技经费的主要来源，其中，政府的经费占了一半以上。近年来，我国高校科技经费迅速增长。在2006年，我国高校科技经费中，政府资金达到了287.8亿元，是2002年的一倍多。我国支持高校科技发展的资金主要流向“985”、“211”工程中的重点大学，尤其是对于一些高水平的研究型大学，政府每年投入了大量的科研经费。如清华大学，自2003年后，每年政府科研经费已经超过了10亿；到2006年已高达14亿人民币，折合成美元约两亿，这个数字，超过了普林斯顿大学，卡内基梅隆大学、芝加哥大学、加州大学圣芭芭拉分校、布朗大学、莱斯大学、印第安纳大学、弗吉尼亚等全美著名研究型大学。

政府，尤其是中央政府是我国高校科研经费的最主要来源。政府对高校科研的拨款主要有三种方式：

1）直接拨款，政府为支持高校的科研，对一些有较先进教学科研水平和条件的高校进行每年直接给予一定数额的财政拨款；

2）科技项目申请资金，是指对高校的科研人员提出的项目，经过审批合格后，给予资金资助；

3）国家研究计划，指政府主导和发起的科研计划项目，将科研项目的

---

[1] 陈霞玲．科技政策比较研究——中美比较的视野［D］．天津工业大学硕士学位论文，2010.

具体任务或委托，或与高校合作完成政府的科研项目，政府会对参与科研的高校拨给用于科研的专项资金。尤其近年来，随着政府对高校科技发展的重视，出现了政府出资支持高校科研计划项目的趋势，这些项目包括：中国科学院知识创新工程、教育部21世纪教育振兴计划以及世界一流大学计划（985计划）、科技部国家重点基础研究计划（973计划）、国家自然科学基金杰出青年基金项目等。但目前直接财政拨款仍是我国高校科技经费的主要来源。

科技投入政策主要通过财政资金激励发挥对企业进行自主创新的引导作用，其最终目的是引导企业在研发领域投入更多的资金，进行更深入的研究，从而提高企业的科研创新能力。因此，关于配套资金规定是科技投入政策发挥引导和杠杆作用的关键❶。张楠、林绍福和孟庆国（2010年）❷的访谈结果显示，被访企业对863计划、科技支撑计划等国家级重大科技资助的知悉程度较高，但实际参与程度并不高，只有两家企业承担过863计划和科技支撑计划的项目。多数企业表示，不依靠与高校合作，独立承担重大项目对企业目前的科研能力存在挑战。此外，不少企业也表示，资金配套规定对企业存在一定压力，较高的配套资金规定使企业对某些科技资助望而却步，这也说明相当一部分企业仍将科技资助单纯看做一种解决资金问题的途径，还不能从企业创新战略的层面来考虑❸。

5.1.2 科技论文奖励的争议

论文是衡量一个人或一个单位科研水平高低的一项重要指标，是高校综合实力的具体体现。大多数高校都制定对科技论文的奖励政策，以鼓励教师多出高水平学术论文。但是，目前多数高校在奖励政策上普遍存在重国外论文、轻国内论文；重视核心期刊论文、轻视非核心期刊论文的现象，甚至不考虑本校多学科的平衡问题，搞一刀切，严重挫伤了部分教师从事科研和撰

---

❶ 程华．科技资助促进企业R&D研究［J］．科研管理，2005，26（4）：68-71.

❷ 张楠等．现行科技政策体系与ICT自主创新企业反馈研究［J］．中国软科学，2010（3）：24-26.

❸ 张楠等．现行科技政策体系与ICT自主创新企业反馈研究［J］．中国软科学，2010（3）：24-26.

写论文的积极性，对于科技论文的奖励就容易引起争议。

（1）国内、外刊物不同对待的弊端

有的国内期刊也非常优秀，但是国内不少重点大学在职称评定的要求中，明确提出申报者的论文一定要发表在被SCI、EI、SSCI（社会科学引文索引）等检索系统收录的期刊上。不少单位对发表在国内、国外期刊上论文的奖励等级差别很大，而且在职称评定中，在国外期刊上发表论文的分数远高于国内期刊❶。SCI收录的基本是外文（英语）期刊。如此说来，“重国外，轻国内”的奖励政策似乎奖励的不是论文本身的价值而是论文的表达形式——语言。另一方面，“重国外刊物，轻国内刊物”使得国内优秀稿源流向国外，也不利于国内刊物的培育和发展❷。

（2）重高影响因子的弊端

部分高校按论文所在刊物的影响因子奖励，而影响因子是该刊前两年发表论文在统计当年被引用的总次数/该刊前两年发表论文总数。可见，影响因子越高，刊物的影响也越大。但是，刊物的影响因子并非稳定不变，某些刊物的影响因子变化还比较大。论文发表当年刊物的影响因子也与论文本身没有直接联系，用它来评价和奖励当年发表的学术论文值得商榷。

另外，有的综合性大学学科分布多，但由于学科之间发展不平衡，一些学科起步较晚等原因，致使有的学科的论文不能被三大检索系统收录。如用同一标准要求人文类、艺术类、社会类等学科明显存在不合理的现象，虽然国外也有类似的检索系统收录这些学科的论文。如美国艺术与人文引文数据库A&HCI、美国社会科学类SSCI数据库等，但中国的论文被收录的几率很少。这势必挫伤弱势学科老师撰写论文的积极性，使得某些学科的发展受到一定影响。

（3）对核心期刊论文奖政策存在的弊端

在核心期刊上发表的论文也并非都是高质量的论文，有的非核心期刊的论文也很优秀，只是这个学科发展较慢或是边缘学科，所以这方面还没有核

---

❶ 胡昌军，胡昌标．高校学术论文奖励政策的误区及其对策［J］．医学与哲学，2005，26（11）76-79.

❷ 苏宁．双效“双爱”期刊：办刊人的最高要求［J］．编辑学报，2005，3（2）：79-80.

心期刊。因此，应根据本校情况制定对策，对文学、艺术、体育等弱势学科给予一定的优惠政策，促进多学科的平衡发展。

5.1.3 科技奖励的趋势

从2012年广东科技奖励情况[1]来看，出现以下几种趋势：

（1）企业创新主体地位日益凸显

280项拟奖项目，共获得授权发明专利619项，获得其他知识产权609项，比上年增加20.8%；其中拟奖企业共获得授权发明专利509项，占拟奖项目发明专利的82.2%。由企业独立承担或参与完成的170项，占全部拟奖项目的60.7%；其中企业以第一完成单位牵头完成的项目119项，占企业拟奖项目的70.0%，较上年提高了8.1个百分点。

拟奖项目中，属产学研合作项目的94项，占企业获奖项目的55.2%。这些项目涵盖了材料科学、能源环保、电子信息、生物制药等技术领域，累计产生经济效益达814亿元。

（2）民生科技成果惠及万户千家

在上述项目中，属于农业科技、重大疾病防治、食品安全、防灾减灾、节能环保等领域成果117项，占获奖项目总数的41.8%。如由中山大学中山眼科中心完成的“晶状体病的手术关键技术改进和发病机理的研究”项目，改进了晶状体病的手术关键技术，推动了白内障由复明手术转向屈光手术，使常规和复杂白内障手术变得更加安全、简便、有效，晶状体病的综合诊治水平有了很大提高。项目发表论著113篇，SCI收录40篇，总引用529次，出版2部专著；在全国举办理论和手术培训班17次（93期），参加人数达2000多人次；项目成果在全国30多个省市自治区60多个医疗机构进行推广应用，已使二十多万例白内障患者重见光明，产生了显著的社会效益。

（3）青年科学家成为创新主要力量

拟奖项目完成人平均年龄为41岁，35岁及以下的占31.9%，36～55岁的约占64.8%，完成人年龄结构更加优化。其中45岁以下的中青年科研人

[1] 杞人．广东科技奖励导向鲜明呈五大亮点［N］．科技日报，2013-02-22.

员比例达到69.9%。29个一等奖项目中，团队平均年龄40岁以下的7个，45岁以下23个，占一等奖拟奖项目的79%，青年科学家已成为广东科技创新的主要力量。

(4) 基础研究和原始创新成果持续涌现

2012年，广东基础研究取得进一步突破，全省获得国家自然科学基金经费超过14亿元，新增国家自然科学基金杰出青年基金获得者15名，创历史新高。

新增国家973计划（包括重大科学研究计划）首席科学家7名，连续第四年大丰收。拟奖成果共发表论文6618篇，其中，被SCI、EI收录2387篇，他引次数达85484篇次。如由中山大学完成的“微孔与磁性配位聚合物研究”项目，围绕功能配位聚合物的设计、控制合成和高功能无机化学等领域的难题，开展了系统、深入的研究。建立了若干聚合物框架结构定向组装的新方法，制备了一系列结构新颖、具有多孔和磁性性质的新型配位聚合物，深入研究并总结了结构与功能的关系。项目发表SCI论文54篇，其中在国际顶尖化学和材料科学刊物《美国化学会志》《德国应用化学》《先进技术》和《英国皇家化学会评论》发表论文共10篇。被《科学》、《自然》及其子刊，以及化学、物理和材料科学三大学科顶尖刊物等SCI他引累计超过2600次，其中10篇代表作累计被SCI他引1000多次，6篇各被SCI他引超过100次，8篇入选ESI高被引用论文。项目主要完成人中，1人当选中科院院士，1人入选教育部优秀新世纪人才计划并获中国化学会青年化学奖，3人获得全国优秀博士学位论文提名，1人入选中组部青年千人计划。

5.2 山西省高校论著奖励政策分析

5.2.1 论文奖励政策分析

由于论文奖励涉及了理工科和人文社会科学多学科，所以选择太原理工大学和太原科技大学这两所工科院校作为研究样本，分析山西省高校论著奖励政策。太原理工大学和太原科技大学论文奖励明细见表5-1。

表 5-1　山西省工科院校论文奖励明细

发表、收录源（转载源）		太原理工大学 奖励标准（万元/篇）	太原科技大学 奖励标准（万元/篇）
SCI（美国《科学引文索引》光盘版）	1 区刊物	6	0. 3，SCIE 收录 0. 2
	2 区刊物	4	
	3 区刊物	2	
	其他刊物	1	
SSCI（美国《社会科学引文索引》） A&HCI（美国《艺术与人文引文索引》）		3	0. 3
EI（美国《工程索引》）	国外正式刊物	0. 2	EI 收录 0. 2， 小 EI 收录 0. 1
	国内核心刊物	0. 1	
	会议论文	0. 05	
"Nature"《自然》、"Science"《科学》		30，主要完成单位和主要完成人，6 万元/篇	5
ISSHP（美国《社会科学及人文科学会议录索引》）		0. 1	0. 1，ISTP 收录 0. 1
CSSCI（南京大学《中文社会科学引文索引》）	权威刊物	0. 2	0. 1
	一般刊物	0. 1	0. 1
《新华文摘》全文转载		1	0. 1
《中国社会科学文摘》全文转载		1	
《新华文摘》论点摘要		0. 5	0. 1
《高校文科学术文摘》全文转载		0. 5	
《人大报刊复印资料》全文复印		0. 5	0. 1
《中国社会科学文摘》论点摘要		0. 5	
《高校文科学术文摘》论点摘要		0. 5	
《求是》、《人民日报》、《光明日报》、《科技日报》、《中国教育报》理论版或理论周刊		0. 2	

通过商标的比较可以看出，太原理工大学对于论文的奖励要远远高于太原科技大学，特别是高端论文的奖励更是高出数倍甚至几十倍，如“Nature”《自然》、“Science”《科学》论文的奖励，太原理工大学30万元，太原科技大学5万元；SCI收录论文，太原理工大学最高6万元，太原科技大学只有0.3万元；SSCI收录论文，太原理工大学3万元，太原科技大学0.3万元。

由此可见，山西省各个高校对于论文的奖励额差别比较大。太原理工大学非常重视对论文的奖励，特别是对于高端论文的奖励，不但金额很大，而且如果一年之内被收录多篇，还有奖励。

太原理工大学一年被SCI的1、2、3区收录3篇及其以上的第一责任人，另外奖励2万元；一年被SCI、SSCI、A&HCI收录5篇及其以上的第一责任人，另外奖励1.5万元；一年被SCI、SSCI、A&HCI、EI、CSSCI收录论文8篇及其以上的第一责任人，另外奖励1万元。

除此之外，太原理工大学还十分注重影响因子，设置全校论文影响因子最高纪录奖，奖励1万元；分学科设置当年影响因子最高奖，每篇奖励0.5万元。

5.2.2 著作奖励政策分析

选择太原理工大学和太原科技大学作为研究样本，将这两所院校对于著作的奖励列表5-2如下。

表5-2　山西省工科院校著作奖励明细

著　作	出版级别	太原科技大学	太原理工大学
专著	国外出版	0.5万元/部	0.1万元/5万字
	国家级出版社	0.4万元/部	0.1万元/5万字
	省部级出版社	0.3万元/部	0.1万元/5万字
编著	国外出版	0.4万元/部	0.05万元/5万字
	国家级出版社	0.2万元/部	0.05万元/5万字
	省部级出版社	0.1万元/部	0.05万元/5万字
译著	专著、编著、译著（不含工具书、教材、科普读物、文艺著作等）		0.05万元/5万字
教材	纳入国家教材编写计划	0.3万元/部	
	纳入省部级或行业教材编写计划	0.2万元/部	

从表5-2可以看出，两所学校的计算方式有所不同，太原科技大学按照著作部数奖励，太原理工大学按照著作的字数奖励，但是殊途同归，如果按照每部著作20万字计算，奖励金额具有一致性。

在一致性基础上，太原理工大学注重了外部资金的介入，规定：学术著作获得国家出版基金资助者，奖励标准×2；获得行业或出版社出版基金资助者，奖励标准×1.5。专著最高奖励限额2万元，编著或译著最高奖励限额1万元。各种出版基金以著作明确标识为准。著作他引，每次奖励0.03万元。

此外，两所院校也有一定的差异性：太原理工大学不奖励教材，太原科技大学奖励教材；太原理工大学奖励译著，太原科技大学不奖励译著。

5.3 山西省高校项目奖励政策分析

选择太原理工大学和太原科技大学作为研究样本，将这两所院校对于项目的奖励列表5-3如下。

表5-3　山西省工科院校项目奖励明细

项目发布单位	项目类型	太原理工大学 奖励标准（万元/项）	太原科技大学 奖励标准（万元/项）
国家自然科学基金委员会	面上项目、青年基金项目	3	1
	重点项目、重大项目 国家基础科学人才培养基金项目	10，子课题3万元/项	1
	杰出青年基金项目	10	1
	重大国际（地区）合作研究项目	5，子课题1万元/项	1
	专项（批准经费≥100万元）	5	1
	其他专项	3	1
科技部	国家重点基础研究发展计划（973计划）项目	20，子课题5万元/项	1
	国家高技术研究发展计划（863计划）项目，国家科技支撑计划项目	10，子课题2万元/项	1
	科技部国际科技合作计划项目 国家软科学研究项目	5	1
	国家重大项目	5，子课题1万元/项	1

续表

项目发布单位	项目类型	太原理工大学	太原科技大学
		奖励标准（万元/项）	奖励标准（万元/项）
教育部	博士点基金项目	1	0.2（经费10万元以上）
	人文社会科学研究项目	2	0.2（经费10万元以上）
人事部	博士后基金项目	1	
国家哲学社会科学规划办公室（隶属中宣部）	国家社会科学基金重大项目	8，子课题3万元/项	1
	国家社会科学基金重点项目	6，子课题2万元/项	1
	国家社会科学基金一般项目 国家社会科学基金青年基金项目	4	1
其他部委	国防预研基金重大及重点项目	6，子课题2万元/项	0.2（经费10万元以上）
	国家级军工纵向项目（经费200万元及以上）	5，子课题1万元/项	0.2（经费10万元以上）
	全国教育科学和艺术科学规划项目	2	0.2（经费10万元以上）
	全国教育科学和艺术科学规划部级项目	1	0.2（经费10万元以上）
山西省			0.2（经费10万元以上）
横向课题			0.3（经费10万元以上），每超5万，再增加奖励0.05

从表5-3可以看出，太原理工大学对于项目的奖励远远高于太原科技大学，如国家自然科学基金项目的奖励，太原理工大学最高奖励10万元，太原科技大学奖励1万元；国家社科基金项目，太原理工大学最高奖励8万元，太原科技大学1万元。

但是实际上，综合下来两所院校对于项目的奖励基本上相差不多，主要原因在于：太原理工大学规定，学校给予经费配套的项目不再给予奖励；而太原科技大学则在奖励之外，给予配套经费，独立承担的国家级科技项目，学院予以国家资助 1∶1 的配套资金。

关于国家级项目的子课题，太原理工大学给予了一定的奖励，而太原科技大学则给予实际到院资金 50％的配套经费。太原理工大学只奖励项目承担单位是本校的；而太原科技大学还给予本校是第二完成单位项目奖金减半的奖励，并给予实际到院资金的 50％配套资金，并且规定：国家其他行业部门立项的科技项目，由课题负责人申请，科技处审核后，提交院长办公会决定配套金额。因此可以说，太原科技大学的奖励政策更为宽松。

5.4 山西省高校报奖奖励政策分析

选择太原理工大学和太原科技大学作为研究样本，将这两所院校对于科研成果获奖的奖励列表 5-4 如下。

表 5-4　山西省工科院校科研成果获奖奖励明细

级别	奖项	一等奖	二等奖	太原理工大学	太原科技大学
国家级	国家自然科学奖	50 万元	20 万元	5 万元	3 万元
	国家技术发明奖	50 万元	20 万元	5 万元	3 万元
	国家科学技术进步奖	50 万元	20 万元	5 万元	3 万元
	国家社会科学成果奖	50 万元	20 万元	5 万元	3 万元
省部级	省、部自然科学奖	10 万元	4 万元	1 万元	0.5 万元
	省、部技术发明奖	10 万元	4 万元	1 万元	0.5 万元
	省、部科学技术进步奖	10 万元	4 万元	1 万元	0.5 万元
	省、部社会科学成果奖	10 万元	4 万元	1 万元	0.5 万元

从表 5-4 可以看出，太原理工大学的科研成果获奖奖励远远高于太原科技大学。

此外，太原理工大学还别具特色。

首先，太原理工大学为第一完成单位的成果，经山西省、教育部或全国性行业奖励委员会推荐申报国家科学技术奖（自然科学奖、技术发明奖、科技进步奖）、国家社科类奖并资格审查合格，每项奖励10万元。

其次，与其他单位（或个人）合作获奖时，太原理工大学（或本校职工个人）为第一、第二、第三、第四、第五获奖单位（个人）时，分别按表中奖励标准的80％、40％、20％、10％和5％奖励本校获奖人员。

最后，太原理工大学为独立或第一获奖单位，获全国性行业奖项一等奖，按省部级二等奖奖励标准执行奖励。

从科研成果报奖的奖励情况来看，太原理工大学十分重视科研成果报奖，通过多种奖励方式和高奖励办法，鼓励教职工报奖。

5.5 山西省高校知识产权及成果转化奖励政策分析

选择太原理工大学和太原科技大学作为研究样本，将这两所院校对于知识产权及其转化的奖励列表5-5如下。

表5-5　山西省工科院校知识产权及其转化奖励明细

知识产权项目	太原理工大学	太原科技大学
已授予专利权的职务发明专利	0.5万元	0.2万元
已授予专利权的职务实用新型专利		0.1万元
已授予专利权的职务外观设计专利		0.05万元
取得涉外专利权	2万元	
国家版权局登记并具有著作权的计算机软件	0.5万元	0.1万元
国家知识产权局登记的集成电路布图设计	0.5万元	
主持或参与制定且已正式颁布的国家标准	2万元	
主持或参与制定且已正式颁布的行业标准	1万元	
成果转化、推广为学校带来经济效益在10万元以上，包括转让费、技术入股分红效益等实际到款额	学校实际收益的25％	

从表5-5可以看出，太原理工大学对于知识产权及其成果转化的奖励在

国内专利授权方面要高于太原科技大学；但是由于两所学校对于专利授权的奖励都不太高，所以专利奖励相差不大。

对于国内专利，太原理工大学只奖励发明专利；而太原科技大学除了发明专利之外，对于实用新型和外观设计专利也给予奖励。

太原理工大学还注重涉外专利权的获取，如果取得涉外专利权，则奖励金额就高达 2 万元，数倍于国内专利权的获取。

除了计算机软件之外，太原理工大学比太原科技大学的奖励多了几项：国家知识产权局登记的集成电路布图设计奖励、主持或参与制定且已正式颁布的国家标准或行业标准奖励、成果转化、推广为学校带来经济效益的奖励，这些奖励充分体现了太原理工大学对成果应用的重视。虽然太原理工大学没有直接出台本校的成果转化政策，但是在奖励政策里规定了成果转化的各种奖励。

5.6 山西省高校团队建设奖励政策分析

5.6.1 基地建设奖励政策分析

关于基地建设的奖励，太原科技大学没有作出规定，太原理工大学的政策有两条：

第一，太原理工大学为独立或牵头单位，获准国家实验室、国家重点实验室或国家工程中心，奖励申报院（所）80 万元；太原理工大学为合作单位，获准国家实验室、国家重点实验室或工程中心，奖励申报院（所）20 万元。

第二，太原理工大学为独立或牵头单位，获准教育部或国防科工委重点实验室或工程中心，奖励申报院（所）10 万元。获准山西省重点实验室或工程中心，奖励申报院（所）5 万元。

从这两条规定来看，作为工科院校，太原理工大学十分重视实验室或工程中心的建设，奖励金额远远高于对科技成果的奖励额。

5.6.2 创新团队奖励政策分析

关于创新团队的奖励，太原科技大学没有作出规定，太原理工大学的政策有两条：

第一，太原理工大学为独立或牵头单位，获准国家基金委创新研究群体，奖励50万元；获准教育部创新团队，奖励20万元；获准山西省创新团队，奖励5万元。

第二，太原理工大学教职工，获得国家科技最高奖、山西省科技突出贡献奖，分别奖励50万元、20万元；获得教育部新世纪优秀人才，奖励1万元；获得山西省拔尖创新人才，奖励0.5万元；获得山西省青年学术带头人，奖励0.3万元。

从这两条规定来看，作为工科院校，太原理工大学十分重视创新研究群体的建设，奖励金额远远高于对科技成果的奖励额；但是对于团队个人的奖励则比较低，各类人才计划的入选者，最高1万元，最低0.3万元，与团队的50万元、20万元相比较，可以说凤毛麟角。

6 山西省高校绩效工资政策的制定

6.1 高校绩效工资现状

6.1.1 高校绩效工资概述

我国的工资制度改革分别在1956年、1985年、1993年、2006年实现了四次工资改革。

1998年前后的高校内部管理体制的改革，为分配制度改革创造了条件。2006年人事部、财政部下发了《事业单位工作人员收入分配制度改革方案》(国人部发［2006］56号)。根据方案，包括高等学校在内的广大事业单位将建立岗位绩效工资制度作为此次事业单位分配制度改革的首要内容[1]。岗位绩效工资包括岗位工资、薪级工资、绩效工资和津贴补贴四部分，其中岗位工资和薪级工资为基本工资，按照国家建立的统一标准和计算方法核定，主要体现公平原则。绩效工资是事业单位收入分配中活的部分，主要体现工作人员工作业绩和实际贡献[2]。

绩效工资（Performance Related Pay，简称PRP)，又被称为奖励工资(Meritpay）或是与评估直接联系的工资（Appraisalrelated Pay)，指高校根据教职员工的工作效率、工作业绩等方面综合考核评估的工资，在国家相关政策的指导下，加大高校的分配自主权，分配激励制度实施看贡献、讲实绩、向高层次人才的重点岗位倾斜。分别由薪级工资、绩效工资、岗位工资和津

[1] 尹碧兰，张寒．高校绩效工资制度改革的新趋势——基于中国矿业大学岗位津贴制度的个案分析［J］．煤炭高等教育，2006（6)．

[2] 宋莹，孙艳红，韩艳．高校岗位绩效工资制度改革的分析［J］．技术与创新管理，2013(2)：165.

补贴四部分组成。绩效工资在调动广大教职工积极性、吸纳优秀人才、提高高校办学效益和激发高校办学治力等方面发挥着越来越大的作用❶。

教师绩效考评是指“组织用来衡量和评鉴教师某一时段的工作表现，与协助教师完成的一个过程”❷。其中，教师的工作绩效，是指那些经过评价的工作行为、表现及其结果。既然绩效必须经过评价，就必须制定出相应的测量与评价的指标、标准，但指标和标准身不等于绩效。

教师绩效是大学的宏观与微观系统及其过程的产物。对大学本身而言，绩效就是学校的办学目标在数量、质量及效果等方面完成的情况；对教师个体而言，则是上级、同行学校按照职务、岗位的要求，对具有相应职务的人在思想政治水平、职业道德、工作完成等方面进行考察和评价，判断其是否称职，并以此作为职务、待遇的升降，以及奖惩是否合理的重要依据。

在美国等西方国家，其高校绩效工资制改革还与教师供给、教师流失等方面的问题联系起来。换言之，通过绩效工资制改革来改善高校教师待遇，以吸引更多的优秀人才进入教师队伍，从而解决师资短缺和流失问题，亦为绩效工资改革的重要目标。而此等目标背后还有一个更长远、更宏伟的目标，那就是倚重绩效工资改革提升教育质量和科研水平，以此来增强国家的综合国力。由此可知，高校绩效工资改革不仅仅是为了给教师涨点薪水，它还与国家民族的前途命运息息相关❸。

6.1.2 国外高校绩效工资现状

近年来，教师绩效工资改革已逐渐成为全球热点问题。许多国家都通过改革传统的教师工资结构来提高教师工作效能，并最终提高学生学习质量❹。近年来美国政府投入大量资金进行教师绩效工资的改革实验，佛罗里达、德克萨斯等州都已率先实施了教师绩效工资计划。尽管世界各国进行教师工资制度改革的理由不尽相同，但大致可归纳为以下几点：第一，对任何教育系

---

❶ 冯宏岩．绩效工资，高校收入分配制度改革的进一步深化［J］．商，2013（1）：52.

❷ Neal，John E. Faeulty Evaluation：Itspur Posesand Effeetiveness. ERIC Digest. ERICRIEO，19880101 database：ERIC.

❸ 刘练军．绩效工资改革不应喧宾夺主［N］．法制日报，2013-04-03.

❹ 刘淑杰，周晓红．国外教师绩效工资实施效果评价的研究进展及其启示［J］．外国教育研究，2013（4）：44.

统而言，教师效能是促进学生学习进步、提高学校办学质量的关键❶。研究表明，提高教师工资是提高教师效能的重要手段之一❷。第二，根据调查，在2003—2004学年间美国大约96%公立学校的学区实施单一工资制。传统的单一工资制主要基于教师的教龄和学历，但研究表明二者与教师教学效能关系不大❸❹。第三，实施绩效工资对于吸引优秀应届毕业生从教、挽留优秀教师继续留在教育岗位、提高教师的工作动机具有重要作用❺❻。

若按与绩效工资的相关度区分，高校教师的工资可以分为两个部分：与绩效无关的这部分工资，数额相对固定，可称为固定工资；与绩效有关的这部分工资，可称为绩效工资。由于绩效工资不能预先确定，因而属于“活工资”。就北京高校来讲，教师绩效工资的权重均在1/3以上，权重超过一半的院校也为数不少，这种现象在我国高校很具有普遍性。海外高校与我国高校情况有较大不同，绩效工资并不是工资的基本组成部分。在有绩效工资的情况下，其比重都不高。

英联邦大学联合会于2007年对澳大利亚、加拿大、新西兰、南非和英国的45所高校教师的薪酬与福利做了调查。结果发现，多数大学只有固定工资，没有所谓的“活工资”（奖金或绩效工资），只有少数学校有“活工资”。其中，有些“活工资”只为特殊学科设立，与教师绩效毫无关系；有些与教师绩效有关，但数额很小，所占比重非常小，可以说微不足道❼。

美国大学教师实行年薪制，年薪因学校所在地区、层次、学科、专业和职

---

❶ Rivkin, S., Hanushek, E., Kain, J.. Teachers, schools, and academic achievement [J]. Econometrica.

❷ Kobakhidze, M. N.. Teacher incentives and the future of merit-based pay in Georgia [J]. European.

❸] Lavy, V.. Using ased pay to improve the quality of teachers [J]. The Future ofChildren, 2007, 17 (1): 87-109.

❹ West, K. L., Mykerezi, E.. Teachers´ unions and compensation: The impact of collective bargaining on salary schedules and performance pay schemes [J]. Economics of Education Review, 2011 (30): 99-108.

❺ Podgursky, M. & Springer, M.. Teacher compensation systems in the United States K-12 public school system [J]. National Tax Journal, 2011, 64 (1): 165-192.

❻ Chamberlin, R., Wragg, T., Haynes, G. & Wragg, C.. Performance-related pay and the teaching profession: a review of the literature [J]. Research Papers in Education, 2002, 17 (1): 31-49.

❼ 梁爱华．英联邦五国大学教师的薪酬水平及福利情况［J］．世界教育信息，2010（11）：41-45.

称而变化，通常与绩效无关。但是对于在教学研究和社会服务等方面取得突出成绩的教师，一些公立高校也会增加其工资，这部分工资称为绩效工资，但绩效工资并不是人人都有❶。一项对美国公立高校的调查表明，获得绩效工资教师的比例为71%，按年计算，其数额在300美元至6000美元之间，平均值为1800美元❷。这与其年薪几万甚至十几万美元相比，所占比例也并不算大。

香港高校教师工资非常高，工资水平主要依据职称确定。1998年香港教师月工资的情况是：副教授和教授在71765~99465港元之间，讲师和助理教授在33645~77165港元之间❸。香港科技大学创校21年，已跻身世界大学排行榜35名❹，高工资功不可没。该校在2003年引入绩效工资，但并非人人都能获得，只有经过绩效考评，优异者才能获得。该校规定绩效工资上限为每月3000港元❺。这在大陆教师看来很可观，但对港校教师而言，其占工资总额的比重远低于1/10。可见，我国高校教师绩效工资的权重过高，与海外教师形成了鲜明的对照。我国高校教师的绩效工资权重如此之高的原因值得探讨❻。

张善勤（2011年）❼ 把国外（北美）一些大学教师的绩效评价分为以下三个阶段。

第一阶段，是从20世纪20年代开始到50年代，当时评价的侧重点是教师的教学方法是否与权威理论方法相同，这是在对比的情况下对教师工作进行评价。

第二阶段，是从20世纪50年代到60年代，当时评价的侧重点是教师的个人素质，考察教师是否具有从事优秀教学活动的素质。

第三阶段，是从20世纪60年代以后，对教师的绩效评价是评价教师的教学行为，主要从科研、教学、服务三方面进行评价。教学评定是根据教师本年的教课门数，学生数量，每门课后学生的评语、鉴定及在教材教法上的

---

❶ 黎学平．美国高校的教师制度［J］．杭州师范学院学报，1998（2）：81-84.

❷ Eric R. Schulz. Denise Marie Tanguary. Merit pay in public higher education：questions of impact and attitudes［J］. Public Personnel management，2006（1）：71-88.

❸ 杨存荣．香港高校人事管理考察［J］．清华大学教育研究，2000（1）：127-130.

❹ 泰晤士报评出世界大学排名清华大学名列50强。

❺ Review System for merit salary Increase and Onetime merit Award［EB/OL］. http//www. ust. hk/~webaa/Academic Personnel/Ap_ Manual/PDF/AP25_ O. pdf. 2008-11-09.

❻ 梁爱华．对中国特色大学绩效工资的剖析［J］．现代教育科学，2013（2）：1-2.

❼ 张善勤．ZF学院教师绩效考评研究［D］．大连海事大学硕士学位论文，2011：2.

贡献而定。科研的评定则依据其所作的学术报告、发表的学术论著、申请到的科研经费和其他一些学术研究活动而定。对服务的评审分为两种：一是在校内参加各级委员会的数目和贡献；二是在校外各团体中对社会的服务。而像麻省理工、普林斯顿、牛津和剑桥这样的顶尖学府，教职员工的绩效评价更为全面、灵活，并且着重教师的个人发展与学校（院）战略目标的实现[1]。

6.1.3 中国高校绩效工资现状

教育部于1985年下发了《教学工作评价手册》，在该手册中详细列举了教师评价的目的、意义、内容以及评价方法。该手册的相关内容也已经运用到学校教师管理体制实践中，并取得了一定的成效。

大学教师绩效考评是评定教师工作业绩、促进教师发展、提升高等教育质量的重要措施。随着我国教育体制改革的不断深入，各大学都建立了相应的教师考评制度，并且绩效工资在工资中所占比例越来越大，究其原因主要在于：

第一，高校教师聘任制有名无实，退出机制基本处于失灵状态。第二，教师晋升机制的作用有限，海外高校普遍实行“非升即走”或者“非走不升”的晋升制度。“非升即走”是指教师若不能在本校获得晋升机会就要离开学校另谋出路；“非走不升”是指教师要想晋升就必须离开原来的学校到其他高校去竞聘[2]。无论是“非升即走”还是“非走不升”，都使高校能够面向社会公开招聘竞争，有效促进教师流动，提高教师的学术竞争力。反观我国高校，职称晋升只局限于本校范围，是典型的“矬子堆里拔大个”。第三，绩效工资成了高校激励教师的主要手段，所以比重不断上升。

然而，在绩效工资比例不断上升的情况下，由于受到功利主义、工具主义和实用主义等思想的影响，教师绩效考评的实施过程中出现了种种问题，导致了一系列不良后果。从国内关于高校绩效工资研究的文献来看，基本上都是以负面影响为主，可见，高校绩效工资的额改革有其正面效应，但是负面效应也不可忽视。

---

[1] 游小欢，陈兴明．学科教育研究［J］．当代教育论坛，2010（10）．

[2] 杨华祥．杨启兵．美、德高校教师流动机制比较研究［J］．比较教育研究，2008（5）：72-76．

李文涛[1]（2009 年）认为，这主要源于人们对于大学教师绩效考评的研究多集中于技术层和操作层，忽略了绩效考评导向作用的重要性，而未对其导向机制的科学性进行深入探讨。因此，构建科学合理的大学教师绩效考评导向机制，进而发挥绩效考评对于大学教师的导向作用十分重要。

而在绩效考评方面却存在一些问题：

首先，在教师绩效考评体系选择定位上，绝大多数高校考评目的性模糊，注重“奖惩型”教师绩效考评、轻视“发展型”教师绩效考评的现象比较严重。

其次，在教师绩效考评指标定位上，绝大多数高校只注重数量标准，不注重质量要求，过分追求量化和标准化的现象比较严重。

第三，在教师绩效考评制度的起点和目标设计定位上，绝大多数高校只注重学校整体本位发展目标的实现，不注重教师个体本位目标的自主发展。

第四，在教师绩效考评目标定位及价值取向上，许多高校存在着较大的偏颇性与模糊性，重科研业绩效率、轻教学效果的现象十分严重。

第五，在教师绩效考评机制使命的设计层面上，绝大多数高校考评使命模糊，功能失调。

最后，高校教师绩效考评指标定位太高[2]，不太符合管理学上“跳一跳，够得着”的原则。

郑永进（2011 年）认为，造成考评失调的主要原因有两个：一个是机会，另一个是动机。考评失调实际上是有缺陷的考评体系的消极副作用，这是客观存在的。每一个考评体系中都有这种带有自身缺陷的机会。一方面，由于考评结果是真实绩效的替代品，考评体系又存在着自身的缺陷，因此，在现实中绩效考评总是不完美的。另一方面，动机决定了有意的失调行为是否会出现，这是主观因为利益驱使而造成的。动机是人们利用考评体系弱点的原因[3]。

王天宇（2009 年）把高校绩效工资改革存在的问题归结为：绩效考评科学性不够强、绩效考评重量不重质、绩效考评缺少人文关怀、绩效考评的积

---

[1] 李文涛．大学教师绩效考评研究［D］．暨南大学硕士学位论文，2009：1.

[2] 王德广，刘望洲，韩国梅．关于建立科学的教师绩效考评机制的研究——以湖北省 15 所高校为例［J］．三峡论坛，2010（6）：94-96.

[3] 郑永进．高校教师绩效考评失调问题研究［J］．职教通信，2011（12）：75.

极导向作用不明显❶。马卫平则认为高校绩效工资改革存在的问题在于：重视绩效考评，忽略绩效管理；重视个人绩效，忽略团队绩效；重视结果导向，忽略行为导向；重视科研，忽略教学❷。

陈冬梅和李国杰（2013 年）认为，高校绩效工资改革应该促进合作，兼顾团队绩效。绩效工资是个人的，所以个人绩效是绩效工资的重要基准。随着科技创新的深入，高校往往需要学科交叉、知识融合、技术集成的人员共同完成一项任务。在科技创新活动中，个人作用在下降，团队作用在上升。高校在绩效工资设计时要兼顾团队绩效奖励，探索团队内部再次分配的办法，保证个人考核准确性，促进团队建设，提高团队整体水平❸。

胡乐乐（2013 年）指出，在高校行政化的背景下，很多学校一线教师的地位实际上比行政管理人员要低。绩效工资分配方案的制定，往往由行政管理人员主导和操刀，其倾向可想而知。虽然，按照现行的高校体制，全校性的绩效工资分配方案必须经过学校教职工代表大会的表决，但由于种种原因，一线教师往往被代表，他们的声音难以影响方案的通过。正因为如此，高校绩效工资分配的改革虽然是一件好事，但要好事办好，则需要去行政化的同步配合。所谓高校去行政化，并不是将行政和行政人员边缘化，而是要让行政不再主导高校的一切，回归大学以教师为本的基本价值。否则，像“招聘人事处处长，来应聘的 25 人都是教授、博导”这样的新闻还会继续出现。客观而言，重庆工商大学老师们的抗议，只是高校严重行政化弊端具体体现之一❹。

张善勤（2011 年）用个案研究了 ZF 学院教师绩效考评地的现状❺，并从多方面分析了现阶段 ZF 学院教师绩效考评工作存在的问题，存在的问题包括：没有完整的教师考评体系；绩效考评定位不够清晰；考评指标设计缺乏科学性；绩效考评反馈机制不健全。这些问题产生的原因包含：缺乏科学

---

❶ 王天宇．当前高校教师绩效考评中的问题及对策［J］．宁波教育学院学报，2009（4）：13.

❷ 马卫平，高校教师绩效考评体系的构建［J］．经营管理者，2009（20）.

❸ 陈冬梅，李国杰．基于提高教职工幸福指数的高校绩效工资研究［J］．教育与职业，2013（2）：32.

❹ 胡乐乐．绩效工资应向一线教师倾斜［N］．光明日报，2013-03-25.

❺ 张善勤．ZF 学院教师绩效考评研究［D］．大连海事大学硕士学位论文，2011：1.

合理的理论作为指导；绩效考评目标不够清晰；岗位分析不完备；教师在绩效考评过程中参与程度不够。

6.2 山西省高校绩效工资现状分析

6.2.1 指导思想与岗位设置

（1）太原理工大学

2011年12月，为了进一步深化人事分配制度改革，充分调动全体教职员工的积极性和创造性，提高学校整体办学质量与效益，构建充满活力、稳定和谐的校园环境，根据《中华人民共和国高等教育法》、教育部《关于当前深化高等学校人事分配制度改革的若干意见》、《山西省事业单位岗位设置管理实施办法》等精神，太原理工大学出台了《太原理工大学校内岗位津贴实施方案》。

该方案出台的指导思想是：坚持以人为本，落实科学发展观，以学科建设为龙头，以教师队伍建设为核心，根据按需设岗、以岗定薪、按劳分配、优绩优酬、统筹兼顾、和谐发展的原则，进一步建立和完善稳定人才、吸引人才、激励人才的校内岗位津贴分配制度，最大限度地调动和发挥学校各级、各类人员的积极性，创造更加有利于优秀人才脱颖而出的良好环境，为学校各项事业快速发展奠定良好基础，实现一流学校、一流人才、一流待遇、一流业绩的发展目标。

学校设置专业技术、管理、工勤三种岗位。

（2）山西大学

2012年，为进一步深化人事分配制度改革，较大幅度地提高教职工的收入水平，充分调动广大教职工的工作积极性和创造性，提高学校的整体办学水平和办学质量，实现建设“具有地方示范作用的研究性大学”的目标，根据《山西省事业单位岗位设置管理实施办法》和《省属高等学校绩效考核及绩效工资分配指导意见》等文件精神，结合本校实际情况，特制定《山西大学岗位绩效改革实施方案》。

（3）中北大学

2011年，为进一步深化人事分配制度改革，较大幅度地提高全体教职工的收入，充分调动广大教职工的工作积极性和创造性，提高学校的整体办学质量和水平，实现把本校建设成“特色鲜明和具有重要影响的高水平教学研究型大学”的目标，结合学校实际情况，在原来的额岗位津贴制度基础上，进一步调整和完善校内津贴实施绩效工资改革方案。

（4）太原科技大学

为进一步深化人事分配制度改革，充分调动教职员工的工作积极性和创造性，构建和谐校园，促进校各项事业快速发展，根据《山西省事业单位岗位设置管理实施办法》、《山西省省属事业单位实施绩效工资办法》和《省属高等学校绩效考核及绩效工资分配指导意见》等精神，结合本校实际，太原科技大学制定了《太原科技大学奖励性绩效工资实施方案》。

该方案出台的指导思想是：适应国家事业单位改革发展的总体要求，以增强教职工队伍活力和提高办学实力为导向，以建立科学的绩效考核机制、分配合理的决定机制和有效的激励机制为目的，实现教职工由“身份管理”到“岗位管理”的转型，营造更加有利于吸引人才、稳定人才和激励人才的和谐环境，引导全校教职工全身心投入教学、科研、管理和服务工作中，为学校的改革和发展提供制度保障和人力支持。

根据《山西省事业单位岗位设置管理实施办法》、《太原科技大学岗位设置管理办法》，学校设置专业技术、管理、工勤三类岗位。

（5）比较研究

表6-1　山西高校岗位津贴制定指导思想与总则比较

学校	年度	总则	学校定位	指导思想
太原理工大学	2011	进一步深化人事分配制度改革，充分调动全体教职员工的积极性和创造性，提高学校整体办学质量与效益，构建充满活力、稳定和谐的校园环境		稳定人才、吸引人才、激励人才；一流学校、一流人才、一流待遇、一流业绩

续表

学校	年度	总则	学校定位	指导思想
山西大学	2012	进一步深化人事分配制度改革，较大幅度地提高教职工的收入水平，充分调动广大教职工的工作积极性和创造性，提高学校的整体办学水平和办学质量	具有地方示范作用的研究性大学	
中北大学	2011	为进一步深化人事分配制度改革，充分调动教职员工的工作积极性和创造性，构建和谐校园，促进校各项事业快速发展	特色鲜明和具有重要影响的高水平教学研究型大学	
太原科技大学	2011	为进一步深化人事分配制度改革，充分调动教职员工的工作积极性和创造性，构建和谐校园，促进校各项事业快速发展		实现教职工由“身份管理”到“岗位管理”的转型，引导全校教职工全身心投入教学、科研、管理和服务工作中

从表6-1来看，山西各个高校实施绩效工资改革的时间基本上都是在2011年年末至2012年期间，总则相差不多，指导思想也都是为了人才，太原理工是为了一流学校、一流人才、一流待遇、一流业绩；太原科技大学是实现教职工由“身份管理”到“岗位管理”的转型，引导全校教职工全身心投入教学、科研、管理和服务工作中。各个高校也都提到了按照本校实际情况来改革。在学校目标定位方面，山西大学和中北大学分别把学校定位写在了总则当中。

6.2.2 岗位津贴标准

(1) 专业技术岗位

专业技术岗位指从事专业技术工作，具有相应专业技术水平和能力要求的工作岗位。

专业技术岗位的聘任对象：学校从事教学、科研工作的教师；实验室、图书馆、档案馆、编辑部、校医院、管理等部门从事专业技术工作的人员。

太原理工大学专业技术岗位包括特一级、特二级、一级、二级、三级、四级、五级、六级、七级、八级、九级、十级、十一级岗位。（见表6-2）

表6-2　太原理工大学专业技术岗位岗位津贴标准

岗位级别	特一级	特二级	一级	二级	三级	四级	五级	六级	七级	八级	九级	十级	十一级
岗位津贴（万元/年）	20.3	10.3	8.8	7.8	6.8	5.8	5.3	4.8	4.3	3.8	3.3	2.8	2.3
技术职务	正高级						副高级			中级		初级	员级

山西大学专业技术岗位包括特一级、特二级、二级、三级、四级、五级、六级、七级、八级、九级、十级、十一级、十二级、十三级岗位。（见表6-3）

山西大学管理和服务为主的专业技术岗位包括二级、三级、四级、五级、六级、七级、八级、九级、十级、十一级、十二级、十三级岗位。其中，二级、三级、四级岗位为正高岗位，五级、六级、七级岗位为副高岗位，八级、九级、十级岗位为中级岗位，十一级、十二级、十三级为初级岗位。（见表6-4）

表6-3　山西大学教师基本绩效

岗位级别	一级	特二级	二级	三级	四级	五级	六级	七级	八级	九级	十级	十一级	十二级	十三级
岗位津贴（万元/年）	30	20	5.8	5	4.5	3.8	3.5	3.3	3.0	2.8	2.6	2.3	2.1	2
技术职务	正高级					副高级			中级			初级		

表6-4　山西大学管理和服务为主的专业技术人员绩效

级别	正高			副高			中级			初级		
	二级	三级	四级	五级	六级	七级	八级	九级	十级	十一级	十二级	十三级
津贴（万元/年）	5	4.7	4.5	4	3.8	3.6	3.5	3.4	3.3	3	3	3

中北大学专业技术岗位没有划分很详细，而是教师津贴标准以正高、副高、中级、初级职称等级来划分的。(见表6-5)

太原科技大学专业技术岗位包括特一级、特二级、一级、二级、三级、四级、五级、六级、七级、八级、九级、十级岗位。(见表6-6)

表6-5　中北大学教师基础津贴标准

技术职务	正高级	副高级	中级	初级
基础津贴（万元/年）	2.8	3.0	2.3	1.8

表6-6　太原科技大学教学科研岗位基本奖励性绩效工资标准

岗位级别	特一级	特二级	一级	二级	三级	四级	五级	六级	七级	八级	九级	十级
奖励性绩效工资标准（万元/年）	40	20	9	8	7	6	5.2	4.5	4	3.5	2.5	1.5

从专业技术岗位划分的级别来看，除了中北大学缺乏晋升空间之外，太原理工大学、山西大学、太原科技大学的岗位都在12级到14级之间，给予教师充分的晋升空间。

从与技术职称的挂钩程度来看，太原理工大学、山西大学、中北大学都与职称挂钩，在既定的职称下划分级别，给予晋升空间。而太原科技大学则没有与职称明显挂钩，只是划分了级别，晋升空间非常大。

从津贴的总量上来看，太原理工大学、山西大学、太原科技大学的津贴总量非常高，这三所学校津贴的震动幅度分别在［20.3，2.3］、［30，2］、［40，1.5］之间。震动幅度说明一个学校绩效工资改革的幅度以及对特殊人才价值再现的认可程度。震动幅度最大的是太原科技大学，其次是山西大学，最后是太原理工大学。中北大学由于岗位没有详细划分，震动幅度只在［2.8，1.8］之间。

（2）管理岗位

管理岗位指担负领导职责或管理任务的工作岗位。

太原理工大学管理岗位包括一级、二级、三级、四级、五级、六级、七级、八级岗位，其中，三级、四级、五级、六级岗位下再细分两个岗位，总计十二个岗位，这十二个岗位分别与专业技术岗位的二级岗位到十三级岗位对应，津贴基本一致。正教授最低津贴与正处津贴相同，副教授津贴基本上与副处相同。表明太原理工大学岗位津贴设置有倾向于一线教师的趋势，让大多数教师的津贴高于行政管理人员。(见表6-7)

表6-7 太原理工大学管理岗位岗位津贴标准

<table>
<tr><td>岗位级别</td><td>一级</td><td>二级</td><td colspan="2">三级</td><td colspan="2">四级</td><td colspan="2">五级</td><td colspan="2">六级</td><td>七级</td><td>八级</td></tr>
<tr><td>岗位分档</td><td></td><td></td><td>Ⅰ</td><td>Ⅱ</td><td>Ⅰ</td><td>Ⅱ</td><td>Ⅰ</td><td>Ⅱ</td><td>Ⅰ</td><td>Ⅱ</td><td></td><td></td></tr>
<tr><td>岗位津贴（万元/年）</td><td>7.8</td><td>6.8</td><td>5.8</td><td>5.3</td><td>4.8</td><td>4.3</td><td>3.8</td><td>3.6</td><td>3.3</td><td>3.1</td><td>2.8</td><td>2.3</td></tr>
<tr><td>行政职级</td><td>正厅</td><td>副厅</td><td colspan="2">正处</td><td colspan="2">副处</td><td colspan="2">正科</td><td colspan="2">副科</td><td>科员</td><td>办事员</td></tr>
<tr><td>专业技术</td><td>二级
7.8</td><td></td><td colspan="2">三级5.8
四级5.3</td><td colspan="2">五级4.8
六级4.3</td><td colspan="2">七级3.8</td><td colspan="2">八级3.3</td><td>九级
2.8</td><td>十级
2.3</td></tr>
</table>

山西大学管理人员管理岗位包括正厅、副厅、正处、副处、正科、副科、科员七个岗位，任务绩效从9.3万元到3万元。与专业技术岗位津贴相比较，五级到七级岗位为副教授岗位，还没有正科的津贴高，只相当于副科和科员的津贴。教授的最低津贴与副科一致，三级岗位的教授与副处一致，二级岗位的教授与正处一致。表明山西大学管理岗位的津贴相对于教师岗位来说过高，有倾向于管理人员的趋势。(见表6-8)

表6-8 山西大学管理人员任务绩效

职务	正厅	副厅	正处	副处	正科	副科	科员
绩效（万元/年）	9.3	8	6	5	4	3.5	3
专业技术			二级5.8	三级5	四级4.5	五级3.8	六级3.3 七级3

(3) 工勤岗位

工勤岗位指承担技能操作和维护等职责的工作岗位。从太原理工大学和山西大学工勤岗位津贴标准来看，同等技术等级的津贴，山西大学高于太原理工大学，并且太原理工大学没有设置高级技师岗位津贴，而山西大学设置了，因此可以说，太原理工大学对工勤岗位的重视程度低于山西大学。（见表6-9）

表6-9　工勤岗位岗位津贴标准（万元/年）

技术等级	高级技师	技师	高级工	中级工	初级工
山西大学	4	3.7	3.3	3.2	3
太原理工大学		3.3	3	2.6	2.3

6.2.3 教授岗位基本要求

教授主要是一级到四级岗位，其中有的高校设置了特级岗位。在特级岗位设置院校遴选了太原理工大学、山西大学和太原科技大学为样本，是因为这三所院校设置了特级岗位，并且能够代表山西省高校的高水平。在一级到四级教授岗位设置选取了太原理工大学、太原科技大学为样本，是因为这两所院校能够代表山西省工科院校高水平，并且这两所院校岗位设置情况相似，容易进行比较。

(1) 特级岗位条件

关于特级岗位的条件（见表6-10），特一级基本上具有一致性，山西大学略微高于太原理工大学和太原科技大学，只规定了中国科学院、中国工程院这两院院士。其他两所院校认可的特一级条件，例如国家“千人计划”特聘专家（全职）、外专“千人计划”特聘专家（全职）、中国社会科学院学部委员，山西大学定位为特二级条件。

此外，在特二级条件当中，山西大学把国家级重点学科首席专家、国家级教学名师列入其中，太原科技大学把山西省“三晋学者”列入其中，其余条件三所学校基本一致。

表 6-10　特级岗位职责

学校	特一级	一级	特二级
太原理工大学	中国科学院院士、中国工程院院士、国家“千人计划”入选者、外籍“千人计划”入选者、中国社会科学院学部委员，直接聘任		国家杰出青年基金获者、“长江学者奖励计划”特聘教授、青年“千人计划”入选者，直接聘任
山西大学	无	中国科学院院士，中国工程院院士	国家杰出青年基金获者、“长江学者奖励计划”特聘教授、国家“千人计划”入选者、外专“千人计划”入选者、国家级重点学科首席专家、国家级教学名师
太原科技大学	中国科学院院士、中国工程院院士、国家“千人计划”特聘专家（全职）、外专“千人计划”特聘专家（全职）、中国社会科学院学部委员，直接聘任		在校工作的全职专业技术人员获得国家杰出青年基金、入选“长江学者奖励计划”特聘教授、青年“千人计划”、山西省“三晋学者”，直接聘任

（2）一级岗位条件

太原理工大学一级岗位的必备条件比较低（见表 6-11），基本上定位在博士生导师；而太原科技大学则定位比较高，不关注是否是博士生导师，只关注科学研究取得的成绩，除了具备 5 项条件可以直接聘任一级岗位的之外，必备条件为：

主持国家自然科学基金面上项目、国家社会科学基金项目，或主持科技部、国家自然科学基金委、全国哲学社会科学规划办、发改委、教育部及教育部联合其他部委发布的国家级重大、重点类项目一项及以上，且本校为第一完成单位。

由于必备条件的降低，导致太原理工大学专业技术一级岗位对科研成果的要求降低，只要是博士生导师，竞聘一级岗位就比较容易，对科研项目、科研经费SCI收录论文的要求都低于太原科技大学。

表6-11 一级岗位职责

学校	必备条件	可选条件
太原理工大学	(1) 具有正高级职务的博士生导师； (2) 本人有稳定的研究方向和学科梯队，梯队成员稳定在8人及以上； (3) 主讲一门本科生课程，每年招收博士研究生1名、硕士研究生2名（统招）； (4) 完成教学工作量300及以上 在具备上述（1）～（4）条件基础上，完成下列任务之二（以下任务中任何一条若双倍满足，可顶替其他一条）：	(5) 实际主持A类项目1项；或同时主持B类项目2项； (6) 获国家科学技术奖/国家教学成果奖/国家哲学社会科学优秀成果奖一等奖1项（前五名）/二等奖1项（前三名）；或国家级精品课程1门（前三名）； (7) 获省部级科学技术奖/省教学成果奖/省哲学社会科学优秀成果奖一等奖1项（第一名）； (8) 以第一作者或通讯作者在国内外正式学术期刊上发表学术论文并被SCI核心1区、SSCI、A&HCI收录1篇或SCI收录2篇； (9) 全国百篇优秀博士学位论文指导教师； (10) 国际专利1项（第一名）或发明专利2项（1项第一名，1项第二名）； (11) 国内外正规出版社出版专著1部，字数要求理工类20万字及以上、人文类25万字及以上； (12) 主编国家级精品教材1部，独立完成1章及以上； (13) 作为横向合同负责人，年累计实际进账经费：理工类教学型60万元、教学科研型100万元、科研教学型180万元，人文类45万元； (14) 科技成果转化学校实际年收益：理工类教学型30万元、教学科研型60万元、科研教学型90万元，人文类16万元。 备注：国家级教学名师满足上述（1）～（3）条件后可直接聘任一级岗位

续表

学校	必备条件	可选条件
太原科技大学	A. 具备下列条件之一，可直接聘任。 （1）主持科技部、国家自然科学基金委、全国哲学社会科学规划办、发改委、教育部及教育部联合其他部委发布的国家级重大、重点类项目一项及以上，单项项目经费理工科 100 万元以上，文科 50 万元以上，其他省部级重大项目一项及以上，单项项目 150 万元以上，且我校为第一完成单位； （2）获得国家科学技术奖一等奖一项（个人排名前四）或二等奖一项（个人排名前二），或获得国家级教学成果奖、国家哲学社会科学优秀成果奖一等奖一项（个人排名前三）或二等奖一项（个人排名第一），且我校为第一完成单位或合作完成单位； （3）国家级精品课程一门（个人排名第一）； （4）国家级教学名师； （5）“新世纪百千万人才工程”国家级人选	B. 具备下列主持项目条件，并具备其他应备条件之一，可竞聘本级岗位。 主持项目条件： 主持国家自然科学基金面上项目、国家社会科学基金项目，或主持科技部、国家自然科学基金委、全国哲学社会科学规划办、发改委、教育部及教育部联合其他部委发布的国家级重大、重点类项目一项及以上，且我校为第一完成单位。 其他应备条件： （1）国家级精品课程一门（个人排名前二）； （2）获得国家科学技术奖一等奖（个人排名前五）或二等奖（个人排名前三）一项及以上，或获得国家级教学成果奖、国家哲学社会科学优秀成果奖一等奖（个人排名前四）或二等奖（个人排名前二）一项及以上，或获得中国高校人文社会科学成果奖、中国专利金奖或其他国家级奖一等奖（个人排名前三）或二等奖（个人排名第一）一项及以上，且我校为第一完成单位或合作完成单位； （3）获得省科学技术奖一等奖（个人排名第一）一项及以上； （4）国家发明专利一项（个人排名第一）； （5）以第一作者或通讯作者身份直接在专业学术期刊发表学术论文并被 SCI、SSCI 收录 3 篇及以上； （6）主编出版国家级“十一五、十二五规划”教材或“面向二十一世纪教材”一部； （7）横向课题年均科研进款理工科 100 万元、文科 45 万元

(3) 二级岗位条件

太原理工大学二级岗位的必备条件比较低（见表6-12），基本上定位在具有教授职称的硕士生导师；太原科技大学则定位比较高，不关注是否具有教授职称以及是否硕士生导师，只关注科学研究取得的成绩，除了具备4项条件可以直接聘任一级岗位的之外，必备条件为：

主持国家自然科学基金青年项目，主任基金项目一项及以上，或主持科技部、国家自然科学基金委、全国哲学社会科学规划办、发改委、教育部及其他部委发布的国家级重大、重点类项目的子项目一项及以上，或主持科技部、国家自然科学基金委、全国哲学社会科学规划办、发改委、教育部及其他部委发布的国家级一般项目一项及以上，且本校为第一完成单位或合作完成单位。

由于必备条件的降低，导致太原理工大学专业技术二级岗位对科研成果的要求降低，只要是具有教授职称的硕士生导师，竞聘二级岗位就比较容易，可选条件也略低于太原科技大学。

表6-12　二级岗位职责

学校	必备条件	可选条件
太原理工大学	(1) 具有正高级职务的硕士生导师； (2) 本人有稳定的研究方向和学科梯队，梯队成员稳定在6人及以上； (3) 主讲一门本科生课程。博士生导师要求近两年招收博士研究生1名、每年招收硕士研究生2名（统招）；硕士生导师要求每年招收硕士研究生2名（统招）； (4) 完成教学工作量300	(5) 承担A类项目1项（前二名）；或主持B类项目1项； (6) 获国家科学技术奖/国家教学成果奖/国家哲学社会科学优秀成果奖一等奖1项（前七名）/二等奖1项（前四名）；或国家级精品课程1门（前四名）； (7) 获省科学技术奖/省教学成果奖/省哲学社会科学优秀成果奖一等奖1项（前三名）/二等奖1项（前二名）；或省级精品课程1门（前二名）； (8) 主编国家级"＊＊五"规划教材1部/在国家级精品教材中担任副主编，独立完成1章及以上； (9) 以第一作者或通讯作者在国内外正式学术期刊上发表学术论文并被SCI、SSCI、A&HCI收录1篇； (10) 国际专利1项（前二名）；或发明专利1项（第一名）；

续表

学校	必备条件	可选条件
	及以上 在具备上述（1）～（4）条件基础上，完成下列任务之二（以下任务中任何一条若双倍满足，可顶替其他一条）：	（11）国内外正规出版社出版专著1部，字数要求理工类16万字及以上、人文类20万字及以上； （12）全国百篇优秀博士学位论文提名奖指导教师； （13）山西省优秀博士学位论文指导教师； （14）作为横向合同负责人，年累计实际进账经费：理工类教学型40万元、教学科研型70万元、科研教学型100万元，人文类25万元； （15）科技成果转化学校实际年收益：理工类教学型20万元、教学科研型40万元、科研教学型60万元，人文类12万元
太原科技大学	A. 具备下列条件之一，可直接聘任本级岗位。 （1）主持国家自然科学基金面上项目、国家社会科学基金项目，或主持科技部、国家自然科学基金委、全国哲学社会科学规划办、发改委、教育部及教育部联合其他部委发布的国家级重大、重点类项目一项及以上，且我校为第一完成单位； （2）国家级精品课程一门（个人排名前二）；或二等奖（个人排名前二）一项及以上，或获得中国高校人文社会科学成果奖、中国专利金奖或	B. 具备下列主持项目条件，并具备其他应备条件之一，可竞聘本级岗位。 主持项目条件： 主持国家自然科学基金青年项目，主任基金项目一项及以上，或主持科技部、国家自然科学基金委、全国哲学社会科学规划办、发改委、教育部及其他部委发布的国家级重大、重点类项目的子项目一项及以上，或主持科技部、国家自然科学基金委、全国哲学社会科学规划办、发改委、教育部及其他部委发布的国家级一般项目一项及以上，且我校为第一完成单位或合作完成单位。 其他应备条件： （1）国家级精品课程一门（个人排名前三）或省级精品课程一门（个人排名第一），且我校为第一完成单位； （2）获得国家科学技术奖一等奖（个人排名前六）或二等奖（个人排名前四）一项及以上，或获得国家级教学成果奖、国家哲学社会科学优秀成果奖一等奖（个人排名前五）或二等奖（个人排名前三）

续表

学校	必备条件	可选条件
	其他国家级奖一等奖（个人排名前三）或二等奖（个人排名第一）一项及以上，且我校为第一完成单位或合作完成单位	一项及以上，或获得中国高校人文社会科学成果奖、中国专利金奖或其他国家级奖一等奖（个人排名前四）或二等奖（个人排名前二）一项及以上，且我校为第一完成单位或合作完成单位； (3) 获得省科学技术奖一等奖（个人排名前二）或二等奖（个人排名第一）一项及以上； (4) 获省教学成果奖、省哲学社会科学优秀成果奖、省人文社会科学优秀成果一等奖（个人排名第一）一项及以上； (5) 参加全国一级美展并获得一等奖一项及以上或二等奖两项及以上； (6) 以第一作者或通讯作者身份直接在专业学术期刊发表学术论文并被 SCI、SSCI 收录两篇且国家级学术期刊、期刊 EI、CSSCI 收录 1 篇； (7) 获得国家科学技术奖一等奖（个人排名前五）或二等奖（个人排名前三）一项及以上，或获得国家教学成果奖、国家哲学社会科学优秀成果奖一等奖（个人排名前四）； (8) 获得省科学技术奖一等奖一项（个人排名第一） (9) 担任主编参与出版国家级“十一五、十二五规划”教材或“面向二十一世纪教材”一部； (10) 国家发明专利一项（个人排名第一）； (11) 主持省部级有经费支持的科研项目或教研项目一项及以上； (12) 横向课题年均科研进款理工科 70 万元、文科 25 万元

（4）三级岗位条件

太原理工大学三级岗位的必备条件比较低（见表6-13），基本上定位在具有教授职称的硕士生导师；太原科技大学则定位比较高，不关注是否是具有教授职称以及是否硕士生导师，只关注科学研究取得的成绩，除了具备6项条件可以直接聘任一级岗位的之外，必备条件为：

主持省部级科研项目一项及以上，理工科单项经费5万元以上，文科单项经费1万元以上。

由于必备条件的降低，导致太原理工大学专业技术三级岗位对科研成果的要求降低，只要是具有教授职称的硕士生导师，竞聘三级岗位就比较容易，可选条件基本上与太原科技大学有很高的相似性。

表6-13 三级岗位职责

学校	必备条件	可选条件
太原理工大学	（1）具有正高级职务的硕士生导师； （2）本人有稳定的研究方向和学科梯队，梯队成员稳定在4人及以上； （3）主讲一门本科生课程，每年招收硕士研究生2名（统招）； （4）教学型人员完成教学工作量450及以上、教学科研型人员完成教学工作量300及以上、科研教学型人员完成教学工作量150及以上。 在具备上述（1）～（4）条件基础上，完成下列任务之二（以下任务中任何一条若双倍满足，可顶替其他一条）：	（5）承担A类项目1项，教学型和教学科研型人员要求前五名、科研教学型人员要求前四名；或承担B类项目1项，教学型和教学科研型人员要求前三名、科研教学型人员要求前二名； （6）主持C类项目1项； （7）获国家科学技术奖/国家教学成果奖/国家哲学社会科学优秀成果奖一等奖1项（前八名）/二等奖1项（前五名）；或国家级精品课程1门（前五名）； （8）获省科学技术奖/省教学成果奖/省哲学社会科学优秀成果奖一等奖1项（前四名）/二等奖1项（前三名）/三等奖1项（第一名）；或省级精品课程1门（前三名）； （9）以第一作者或通讯作者，教学型人员要求在国家级学术期刊发表学术论文1篇/CSSCI收录1篇、教学科研型人员要求在国

续表

学校	必备条件	可选条件
		内外正式学术期刊上发表学术论文并被SCI、SCIE、SSCI、A&HCI、CSSCI、EI 收录1篇或全文转载、科研教学型人员要求在国内外正式学术期刊上发表学术论文并被 SCI、SCIE、SSCI、A&HCI、CSSCI、EI 合计收录2篇或全文转载2篇（次）； (10) 在国家级精品教材中担任副主编/参编国家级“＊＊五”规划教材1部，独立完成一章及以上；或主编教育部教指委/有关部委/国家一级高教（行业）学会审定的规划教材1部，独立完成一章及以上； (11) 国内外正规出版社出版专著1部/主编普通著作1部，字数要求理工类12万字及以上、人文类16万字及以上； (12) 国际专利1项，教学型和教学科研型人员要求前三名、科研教学型人员要求前二名；或发明专利1项（第一名）； (13) 山西省教学名师； (14) 山西省优秀硕士学位论文指导教师； (15) 作为横向合同负责人，年累计实际进账经费：理工类教学型30万元、教学科研型45万元、科研教学型70万元，人文类18万元； (16) 科技成果转化学校实际年收益：理工类教学型12万元、教学科研型20万元、科研教学型30万元，人文类8万元

续表

学校	必备条件	可选条件
太原科技大学	A. 具备下列条件之一，可直接聘任本级岗位。 （1）主持国家自然科学基金青年项目，主任基金项目一项及以上，或主持科技部、国家自然科学基金委、全国哲学社会科学规划办、发改委、教育部及其他部委发布的国家级重大、重点类项目的子项目一项及以上，或主持科技部、国家自然科学基金委、全国哲学社会科学规划办、发改委、教育部及其他部委发布的国家级一般项目一项及以上，且我校为第一完成单位或合作完成单位； （2）主持省部级科研项目一项及以上，理工科单项经费10万元以上，文科单项经费5万元以上； （3）获得国家科学技术奖一等奖（个人排名前六）或二等奖（个人排名前四）一项及以上，或获得国家教学成果奖、国家哲学社会科学优秀成果奖一等奖（个人排名前五）或二等奖（个人排名前三）一项及以上，或获得中国高校人文社会科学成果奖、中国专利金奖或其他国家级奖一等奖（个人排名前四）或二等奖（个人排名前二）一项及以上，且我校为第一完成单位或合作完成单位；	B. 具备下列主持项目条件，并具备其他应备条件之一，可竞聘本级岗位。 主持项目条件： 主持省部级科研项目一项及以上，理工科单项经费5万元以上，文科单项经费1万元以上。 其他应备条件： （1）国家级精品课程一门（个人排名前四），或省级精品课程一门（个人排名前二）； （2）获得国家科学技术奖一等奖（个人排名前七）或二等奖（个人排名前五）一项及以上，或获得国家级教学成果奖、国家哲学社会科学优秀成果奖一等奖（个人排名前六）或二等奖（个人排名前四）一项及以上，或获得中国高校人文社会科学成果奖、中国专利金奖或其他国家级奖一等奖（个人排名前五）或二等奖（个人排名前三）一项及以上，且我校为第一完成单位或合作完成单位； （3）获得省科学技术奖一等奖（个人排名前三）或二等奖（个人排名前二）或三等奖（个人排名第一）一项及以上； （4）获省教学成果奖、省哲学社会科学优秀成果奖、省人文社会科学优秀成果奖一等奖（个人排名前二）、或二等奖（个人排名第一）一项及以上； （5）参加全国一级美展并获得二等奖一项及以上或三等奖两项及以上；

续表

学校	必备条件	可选条件
	(4) 国家级精品课程一门（个人排名前三）或省级精品课程一门（个人排名第一）； (5) 获得省教学成果奖、省哲学社会科学优秀成果奖、省人文社会科学优秀成果奖一等奖（个人排名第一）一项及以上； (6) 以第一作者在专业学术期刊发表学术论文并被 SCI、SSCI 收录 4 篇	(6) 教师本人或作为主教练在全国运动会、全国大学生运动会及以上比赛中获第一名一次； (7) 以第一作者或通讯作者身份直接在专业学术期刊发表学术论文并被 SCI、SSCI 收录 1 篇，且在国家级学术期刊、期刊 EI 发表论文 2 篇、或被 CSSCI 收录 2 篇； (8) 在 CSSCI 收录的一级专业期刊发表美术、设计作品 5 幅，作品不少于 1/2 版面； (9) 担任主编或副主编参与出版国家级"十一五、十二五规划"教材或"面向二十一世纪教材"一部； (10) 主持其他省部级有经费支持的科研项目、教研项目一项及以上； (11) 国家发明专利一项（个人排名第一）； (12) 横向课题年均科研进款理工科 45 万元、文科 18 万元

(4) 四级岗位条件

太原理工大学四级岗位的必备条件比较低（见表 6-14），基本上定位在具有教授职称的人员；太原科技大学则定位比较高，不关注是否是具有教授职称以及是否为硕士生导师，只关注科学研究取得的成绩，除了具备四项条件可以直接聘任一级岗位的之外，必备条件为：主持省部级科研项目或教研项目一项及以上。

由于必备条件的降低，导致太原理工大学专业技术四级岗位对科研成果的要求降低，只要是具有教授职称的人员，竞聘四级岗位就比较容易，可选条件基本上与太原科技大学有很高的相似性。

表 6–14 四级岗位职责

学校	必备条件	可选条件
太原理工大学	(1) 具有正高级职务的人员； (2) 本人有稳定的研究方向； (3) 主讲一门本科生课程。博士生导师、硕士生导师要求每年招收硕士研究生 1 名（统招）； (4) 教学型人员完成教学工作量 450 及以上；教学科研型人员完成教学工作量 300 及以上；科研教学型人员完成教学工作量 150 及以上 在具备上述（1）～（4）条件基础上，教学型人员需完成下列任务之一、教学科研型人员需参与科研项目 1 项并完成下列任务之一、科研教学型人员需主持科研项目 1 项并完成下列任务之一：	(5) 承担 A 类项目 1 项，教学型和教学科研型人员要求前六名、科研教学型人员要求前五名；或承担 B 类项目 1 项，教学型人员要求前五名、教学科研型人员要求前四名、科研教学型人员要求前三名； (6) 承担 C 类项目 1 项，教学型人员要求前四名、教学科研型人员要求前三名、科研教学型人员要求前二名； (7) 获国家科学技术奖/国家教学成果奖/国家哲学社会科学优秀成果奖一等奖 1 项（前十名）/二等奖 1 项（前六名）；或国家级精品课程 1 门（前六名）； (8) 获省科学技术奖/省教学成果奖/省哲学社会科学优秀成果奖一等奖 1 项（前五名）/二等奖 1 项（前四名）/三等奖 1 项（前二名）；或省级精品课程 1 门（前四名）； (9) 以第一作者或通讯作者，教学型人员要求在中文核心期刊发表学术论文 1 篇/CSSCI 收录 1 篇、教学科研型人员要求在国家级学术期刊发表学术论文 1 篇/中文核心期刊发表学术论文 2 篇、科研教学型人员要求在国内外正式学术期刊上发表学术论文并被 SCI、SCIE、SSCI、A&HCI、CSSCI、EI 收录 1 篇或全文转载； (10) 在国家级精品教材中担任副主编/参编国家级“＊＊五”规划教材 1 部，独立完成一章及以上；或参编教育部教指委/有关部委/国家一级高教（行业）学会审定的规划教材 1 部，独立完成一章及以上； (11) 国内外正规出版社出版专著 1 部/主编普通著作 1 部，字数要求理工类 9 万字及以上、人文类 12 万字及以上；

续表

学校	必备条件	可选条件
		（12）国际专利1项，教学型和教学科研型人员要求前四名、科研教学型人员要求前三名；或发明专利1项，教学型和教学科研型人员要求前二名、科研教学型人员要求第一名； （13）山西省教学名师； （14）山西省优秀硕士学位论文指导教师； （15）作为横向合同负责人，年累计实际进账经费：理工类教学型人员18万元、教学科研型人员25万元、科研教学型人员45万元，人文类人员11万元； （16）科技成果转化学校实际年收益：理工类教学型8万元、教学科研型12万元、科研教学型25万元，人文类5万元
太原科技大学	A. 具备下列条件之一，可直接聘任本级岗位。 （1）主持省部级科研项目一项及以上，理工科单项经费5万元以上，文科单项经费1万元以上； （2）获得国家科学技术奖一等奖（个人排名前七）或二等奖（个人排名前五）一项及以上，或获得国家教学成果奖或国家哲学社会科学优秀成果奖一等奖（个人排名前六）或二等奖（个人排名前四）一项及以上，或获得中国高校人	B. 具备下列主持项目条件，并具备其他应备条件之一，可竞聘本级岗位。 主持项目条件： 主持省部级科研项目或教研项目一项及以上； 其他应备条件： （1）国家发明专利一项（个人排名第一）； （2）国家级精品课程一门（个人排名前五）或省级精品课程一门（个人排名前三），且我校为第一完成单位； （3）获得国家科学技术奖一等奖（个人排名前八）或二等奖（个人排名前六）一项及以上，或获得国家级教学成果奖、国家哲学社会科学优秀成果奖（个人排名前七）或二等奖（个人排名前五）一项及以上，或获得中国高校人文社会科学成果奖、中国专利金奖或其他国家级奖一等奖（个人排名前六）或二等奖（个人排名前四）一项及以上，且我校为第一完成单位或合作完成单位；

续表

学校	必备条件	可选条件
	文社会科学成果奖、中国专利金奖或其他国家级奖一等奖（个人排名前五）或二等奖（个人排名前三）一项及以上，且我校为第一完成单位或合作完成单位； (3) 国家级精品课程一门（个人排名前四），或省级精品课程一门（个人排名前二），且我校为第一完成单位或合作完成单位； (4) 以第一作者在专业学术期刊发表学术论文并被 SCI、SSCI 收录 3 篇	(4) 获得省科学技术奖一等奖（个人排名前三）或二等奖（个人排名前二），或获省教学成果奖、省哲学社会科学优秀成果奖、省人文社会科学优秀成果奖一等奖（个人排名前二）或二等奖（个人排名第一）一项及以上； (5) 参加全国一级美展并获得三等奖一项，或二级美展并获得一等奖一项、或二等奖两项； (6) 教师本人或作为主教练在全国运动会、全国大学生运动会及以上比赛中获前二名一次； (7) 指导学生参加国家“五大竞赛”（数学建模、电子设计、广告艺术、CCTV 杯高校英语口语、“挑战杯”）获得国家级一等奖一次； (8) 以第一作者或通讯作者身份直接在专业学术期刊发表学术论文并被 SCI、SSCI 收录 1 篇，且在国家级学术期刊、EI 发表论文 1 篇，或被 CSSCI 收录 1 篇； (9) 在 CSSCI 收录的一级专业期刊发表美术、设计作品 4 幅，作品不少于 1/2 版面； (10) 出版专著一部，字数理工科 20 万字及以上，文科 25 万字及以上（需经国内三位同行专家盲审）； (11) 担任主编或副主编参与出版国家级“十一五、十二五规划”教材、“面向二十一世纪教材”，或由有关部委教材审定机构批准立项的规划教材一部； (12) 由省级专业出版社出版的专著、画册，每幅画册个人作品不少于 50 幅； (13) 横向课题年均科研进款理工科 25 万元、文科 12 万元

6.2.4 副教授岗位基本要求

太原理工大学五级岗位的必备条件比较低（见表6-15），基本上定位在具有副高级职务的硕士生导师；太原科技大学则定位比较高，不关注是否具有副教授职称以及是否硕士生导师，只关注科学研究取得的成绩，除了具备2项条件可以直接聘任一级岗位的之外，必备条件为：主持省厅或地市级有经费支持的科研项目一项以上。

由于必备条件的降低，导致太原理工大学专业技术五级岗位对科研成果的要求降低，只要是具有副教授职称的硕士生导师，竞聘四级岗位就比较容易，可选条件基本上与太原科技大学有很高的相似性。

太原理工大学六级和七级岗位的必备条件也比较低（见表6-16和表6-17），基本上定位在具有副高职称的人员，而太原科技大学同样定位比较高，不关注是否具有副高职称，只关注科学研究取得的成绩，并且两个学校的可选条件具有很高的相似性。

表6-15　五级岗位职责

学校	必备条件	可选条件
太原理工大学	(1) 具有副高级职务的硕士生导师； (2) 本人有稳定的研究方向； (3) 主讲一门本科生课程，每年招收硕士研究生1名（统招）； (4) 教学型人员完成教学工作量450及以上、教学科研型人员完成教学工作量300及以上、科研教学型人员完成教学工作量150及以上	(5) 承担B类项目1项，教学型人员要求前四名、教学科研型人员要求前三名、科研教学型人员要求前二名； (6) 承担C类项目1项，教学型人员要求前三名、教学科研型人员要求前二名、科研教学型人员要求第一名； (7) 获国家科学技术奖/国家教学成果奖/国家哲学社会科学优秀成果奖一等奖1项（前十名）/二等奖1项（前六名）；或国家级精品课程1门（前六名）； (8) 获省科学技术奖/省教学成果奖/省哲学社会科学优秀成果奖一等奖1项（前五名）/二等奖1项（前四名）/三等奖1项（前二名）；或省级精品课程1门（前四名）；

续表

学校	必备条件	可选条件
	在具备上述（1）～（4）条件基础上，完成下列任务之二（以下任务中任何一条若双倍满足，可顶替其他一条）:	(9) 以第一作者或通讯作者，教学型人员要求在国家级学术期刊发表学术论文 1 篇/CSSCI 收录 1 篇、教学科研型人员要求在国内外正式学术期刊上发表学术论文并被 SCI、SCIE、SSCI、A&HCI、CSSCI、EI 收录 1 篇或摘要转载、科研教学型人员要求在国内外正式学术期刊上发表学术论文并被 SCI、SCIE、SSCI、A&HCI、CSSCI、EI 合计收录 2 篇或摘要转载 2 篇（次）； (10) 在国家级精品教材中担任副主编/参编国家级"＊＊五"规划教材 1 部，独立完成一章及以上；或参编教育部教指委/有关部委/国家一级高教（行业）学会审定的规划教材 1 部，独立完成一章及以上；或主编行业出版社/985 高校出版社组织的教材 1 部，独立完成一章及以上； (11) 国内外正规出版社出版专著 1 部，字数要求理工类 7 万字及以上、人文类 9 万字及以上；或国内外正规出版社出版普通著作 1 部，字数要求理工类主编 9 万字及以上、副主编 12 万字及以上，人文类主编 12 万字及以上、副主编 16 万字及以上； (12) 国际专利 1 项，教学型和教学科研型人员要求前五名、科研教学型人员要求前四名；或发明专利 1 项，教学型人员要求前三名、教学科研型人员要求前二名、科研教学型人员要求第一名； (13) 山西省优秀硕士学位论文指导教师； (14) 山西省教学名师； (15) 在教学竞赛中获省级一等奖 1 项，或作为首席指导教师指导学生在 A 类竞赛中获国家级一等奖 1 次； (16) 教师本人或作为主教练在全国运动会、全国大学生运动会及以上比赛中获前三名或破纪录 1 次；

续表

学校	必备条件	可选条件
		(17) 作为横向合同负责人，年累计实际进账经费：理工类教学型15万元、教学科研型20万元、科研教学型30万元，人文类8万元； (18) 科技成果转化学校实际年收益：理工类教学型6万元、教学科研型9万元、科研教学型18万元，人文类4万元
太原科技大学	A. 具备下列条件之一，可直接聘任本级岗位。 (1) 主持省部级科研项目或教研项目一项及以上；(2) 以第一作者或通讯作者身份直接在专业学术期刊发表学术论文并被SCI、SSCI收录2篇及以上。 B. 具备下列主持项目条件，并具备其他应备条件之一，可竞聘本级岗位。 主持项目条件：主持省厅或地市级有经费支持的科研项目一项以上； 其他应备条件：	(1) 承担国家级重大重点项目（个人排名前三），或国家级项目、省级有经费支持的项目（个人排名前二），且我校为第一完成单位或合作完成单位； (2) 国家级精品课程一门（个人排名前六），或省级精品课程一门（个人排名前四），且我校为第一完成单位； (3) 获得国家科学技术奖一等奖（有获奖证书）或二等奖（个人排名前八）一项及以上，或获得国家级教学成果奖、国家哲学社会科学优秀成果奖（个人排名前八）或二等奖（个人排名前六）一项及以上，或获得中国高校人文社会科学成果奖、中国专利金奖或其他国家级奖一等奖（个人排名前七）或二等奖（个人排名前五）一项及以上，且我校为第一完成单位或合作完成单位； (4) 获得省科学技术奖二等奖（个人排名前三）或三等奖（个人排名前二）一项，或获省教学成果奖、省哲学社会科学优秀成果奖、省人文社会科学优秀成果一等奖（个人排名前三）、或二等奖（个人排名前二）或三等奖（个人排名第一）一项； (5) 国家发明专利一项（个人排名前二）； (6) 以第一作者或通讯作者身份在国家级学术期刊、期刊EI发表论文3篇或被CSSCI收录3篇；

续表

学校	必备条件	可选条件
		(7) 参加全国二级美展并获得二等奖一项及以上； (8) 在 CSSCI 收录的一级专业期刊发表美术、设计作品，作品 3 幅，作品不少于 1/2 版面； (9) 出版专著或普通著作一部，字数理工科 15 万字及以上，文科 20 万字及以上； (10) 参编国家级“十一五、十二五规划”教材、“面向二十一世纪教材”，或由有关部委教材审定机构批准立项的规划教材一部，独立完成一章及以上； (11) 由省级专业出版社出版的专著、画册，每幅画册个人作品不少于 40 幅； (12) 教师本人或作为主教练在全国运动会、全国大学生运动会及以上比赛中获前三名一次，或在全国单项比赛、全国大学生单项比赛中获得第一名一次； (13) 指导学生参加国家“五大竞赛”（数学建模、电子设计、广告艺术、CCTV 杯高校英语口语、“挑战杯”）获得国家级奖二等奖两次； (14) 横向课题年均科研进款，理工科 20 万元，文科 8 万元

表 6-16　六级岗位职责

学校	必备条件	可选条件
太原理工大学	(1) 具有副高级职务的人员； (2) 本人有稳定的研究方向； (3) 主讲一门本科生课程； (4) 教学型人员完成教学工作量 450 及以上；教学	(5) 承担 B 类项目 1 项，教学型人员要求前五名、教学科研型人员要求前四名、科研教学型人员要求前三名； (6) 承担 C 类项目 1 项，教学型人员要求前四名、教学科研型人员要求前三名、科研教学型人员要求第二名； (7) 获国家科学技术奖/国家教学成果奖/国家哲学社

续表

学校	必备条件	可选条件
	科研型人员完成教学工作量 300 及以上；科研教学型人员完成教学工作量 150 及以上 在具备上述（1）～（4）条件基础上，完成下列任务之二（以下任务中任何一条若双倍满足，可顶替其他一条）：	会科学优秀成果奖一等奖 1 项（前十名）/二等奖 1 项（前七名）；或国家级精品课程 1 门（前七名）； （8）获省科学技术奖/省教学成果奖/省哲学社会科学优秀成果奖一等奖 1 项（前六名）/二等奖 1 项（前五名）/三等奖 1 项（前三名）；或省级精品课程 1 门（前五名）； （9）以第一作者或通讯作者，教学型人员要求在中文核心期刊发表学术论文 1 篇/CSSCI 收录 1 篇、教学科研型人员要求在国家级学术期刊发表学术论文 1 篇/中文核心期刊发表学术论文 2 篇、科研教学型人员要求在国内外正式学术期刊上发表学术论文并被 SCI、SCIE、SSCI、A&HCI、CSSCI、EI 收录 1 篇或摘要转载； （10）参编国家级“＊＊五”规划教材 1 部，独立完成一章及以上；或参编教育部教指委/有关部委/国家一级高教（行业）学会审定的规划教材 1 部，独立完成一章及以上；或主编行业出版社/985 高校出版社组织的教材 1 部，独立完成一章及以上；或参编 985 高校组织的多校合编的教材 1 部，独立完成一章及以上； （11）国内外正规出版社出版专著 1 部，字数要求理工类 5 万字及以上、人文类 7 万字及以上；或参编国内外正规出版社出版普通著作 1 部，字数要求理工类 12 万字及以上、人文类 16 万字及以上； （12）国际专利 1 项，教学型和教学科研型人员要求前五名、科研教学型人员要求前四名；或发明专利 1 项，教学型人员要求前四名、教学科研型人员要求前三名、科研教学型人员要求前二名； （13）在教学竞赛中获省级二等及以上奖 1 次；或作为指导教师（前二名）指导学生参加 A 类竞赛获国家级

续表

学校	必备条件	可选条件
		二等及以上奖1次/A类竞赛获省级一等奖1次/B类竞赛获国家级一等奖1次； (14) 教师本人或作为主教练在全国运动会、全国大学生运动会及以上比赛中获前八名1次/全国单项比赛、全国大学生单项比赛、全国大学生集体项目比赛中获前六名1次/省全民运动会、省外高校协作区比赛获前二名1次/省大学生运动会比赛中获第一名1次； (15) 山西省优秀硕士学位论文指导教师； (16) 山西省教学名师； (17) 作为横向合同负责人，年累计实际进账经费：理工类教学型10万元、教学科研型15万元、科研教学型20万元，人文类5万元； (18) 科技成果转化学校实际年收益：理工类教学型4万元、教学科研型6万元、科研教学型12万元，人文类3万元
太原科技大学	A. 具备下列条件之一，可直接聘任本级岗位：以第一作者或通讯作者身份直接在专业学术期刊发表学术论文并被SCI、SSCI收录1篇及以上。 B. 具备下列必备条件，并具备其他应备条件之一，可竞聘本级岗位： 必备条件：以第一作者或通讯作者身份，直接在专业学术期刊发表学术论文并被CSSCI收录2	(1) 参与国家级重大、重点项目（个人排名前五），或国家级项目、省级有经费支持的项目（个人排名前三），且我校为第一完成单位或合作完成单位； (2) 获得省级科学技术奖三等奖（个人排名前三），或获得省教学成果奖、省哲学社会科学优秀成果奖、省人文社会科学优秀成果奖二等奖（个人排名前三）一项或三等奖（个人排名前二）一项； (3) 国家发明专利一项（个人排名前二）； (4) 国家级精品课程一门（个人排名前七），省级精品课程一门（个人排名前五），且我校为第一完成单位 (5) 获得国家科学技术奖一等奖一项（有获奖证书）或二等奖（有获奖证书）一项，且我校为第一完成单位或合作完成单位，或获得国家级教学成果奖、国家哲学社会科学优秀成果奖一等奖（有获奖证书）或二等奖

续表

学校	必备条件	可选条件
	篇；或在国家级专业学术刊物、期刊 EI 发表学术论文 2 篇。 其他应备条件：	（个人排名前八）一项，或中国高校人文社会科学成果奖、中国专利金奖或其他国家级奖一等奖（个人排名前八）或二等奖（个人排名前六）一项，且我校为第一完成单位或合作完成单位； （6）教师本人或作为主教练在全国运动会、全国大学生运动会及以上比赛中获前四名一次，或全国单项比赛、全国大学生单项比赛中获得前二名一次，或在山西省全民运动会、省外高校协作区比赛、省大学生运动会比赛中获第一名一次； （7）指导学生参加国家“五大竞赛”（数学建模、电子设计、广告艺术、CCTV 杯高校英语口语、“挑战杯”）获得国家二等奖一次，或国家三等奖两次，或省级一等奖两次； （8）获得省级及以上教学竞赛一等奖一次； （9）参加全国二级美展并获得三等奖一项； （10）在 CSSCI 收录的一级专业期刊发表美术、设计作品，作品 2 幅，作品不少于 1/2 版面； （11）出版专著或普通著作一部，字数理工科 12 万字及以上，文科 15 万字及以上； （12）参编国家级“十一五、十二五规划”教材、“面向二十一世纪教材”，或由有关部委教材审定机构批准立项出版的规划教材一部，独立完成一章及以上； （13）横向课题年均科研进款，理工科 15 万元，文科 5 万元

表 6-17 七级岗位职责

学校	必备条件	可选条件
太原理工大学	(1) 具有副高级职务的人员； (2) 本人有稳定的研究方向； (3) 主讲一门本科生课程； (4) 教学型人员完成教学工作量 450 及以上；教学科研型人员完成教学工作量 300 及以上；科研教学型人员完成教学工作量 150 及以上 在具备上述（1）～（4）条件基础上，教学型人员需完成下列任务之一、教学科研型人员需参与科研项目 1 项并完成下列任务之一、科研教学型人员需主持科研项目 1 项并完成下列任务之一：	(5) 承担 B 类项目 1 项，教学型人员要求前六名、教学科研型人员要求前五名、科研教学型人员要求前四名； (6) 承担 C 类项目 1 项，教学型人员要求前五名、教学科研型人员要求前四名、科研教学型人员要求第三名； (7) 获国家科学技术奖/国家教学成果奖/国家哲学社会科学优秀成果奖一等奖 1 项（前十名）/二等奖 1 项（前八名）；或国家级精品课程 1 门（前八名）； (8) 获省科学技术奖/省教学成果奖/省哲学社会科学优秀成果奖一等奖 1 项（前七名）/二等奖 1 项（前六名）/三等奖 1 项（前四名）；或省级精品课程 1 门（前五名）； (9) 以第一作者或通讯作者，教学型人员要求在省级学术期刊发表学术论文 1 篇、教学科研型人员要求在中文核心期刊发表学术论文 1 篇/CSSCI 收录 1 篇、科研教学型人员要求在国家级学术期刊发表学术论文 1 篇/中文核心期刊发表学术论文 2 篇； (10) 参编国家级“＊＊五”规划教材 1 部，独立完成一章及以上；或参编教育部教指委/有关部委/国家一级高教（行业）学会审定的规划教材 1 部，独立完成一章及以上；或参编行业出版社/985 高校出版社组织的教材 1 部，独立完成一章及以上；或参编 985 高校组织的多校合编的教材 1 部，独立完成一章及以上； (11) 国内外正规出版社出版专著 1 部，字数要求理工类 4 万字及以上、人文类 5 万字及以上；或参编国内外正规出版社出版普通著作 1 部，字数要求理工类 9 万字及以上、人文类 12 万字及以上；

续表

学校	必备条件	可选条件
		(12) 国际专利1项，教学型和教学科研型人员要求前五名、科研教学型人员要求前四名；或发明专利1项，教学型人员要求前四名、教学科研型人员要求前三名、科研教学型人员要求第二名； (13) 在教学竞赛中获省级三等及以上奖1次；或作为指导教师（前二名）指导学生参加A类竞赛获国家级三等及以上奖1次/A类竞赛获省级二等及以上奖1次/B类竞赛获国家级二等及以上奖1次； (14) 教师本人或作为主教练在全国运动会、全国大学生运动会及以上比赛中获前十名1次/全国单项比赛、全国大学生单项比赛、全国大学生集体项目比赛中获前八名1次/省全民运动会、省外高校协作区比赛获前三名1次/省大学生运动会比赛中获前二名1次； (15) 山西省优秀硕士学位论文指导教师； (16) 山西省教学名师； (17) 作为横向合同负责人，年累计实际进账经费：理工类教学型5万元、教学科研型7万元、科研教学型14万元，人文类4万元； (18) 科技成果转化学校实际年收益：理工类教学型3万元、教学科研型4万元、科研教学型8万元，人文类2万元
	(1) 具有稳定的研究方向； (2) 主讲一门本科生课程，完成教学工作量300及以上。 在具备上述（1）～（2）条件基础上，完成下列任务之二（以下任务中任何	(3) 承担B类项目1项（前三名）；或承担C类项目1项（前二名）； (4) 获国家科学技术奖/国家教学成果奖/国家哲学社会科学优秀成果奖一等奖1项（前十名）/二等奖1项（前七名）；或国家级精品课程1门（前七名）； (5) 获省科学技术奖/省教学成果奖/省哲学社会科学优秀成果奖一等奖1项（前六名）/二等奖1项（前五名）/三等奖1项（前三名）；或省级精品课程1门

续表

学校	必备条件	可选条件
	一条若双倍满足，可顶替其他一条）：	（前五名）； （6）以第一作者或通讯作者，在国内外正式学术期刊发表学术论文并被 SCI、SCIE、SSCI、A&HCI、CSSCI、EI 合计收录 1 篇或摘要转载； （7）参编国家级“＊＊五”规划教材 1 部，独立完成一章及以上；或参编教育部教指委/有关部委/国家一级高教（行业）学会审定的规划教材 1 部，独立完成一章及以上；或参编行业出版社/985 高校出版社组织的教材 1 部，独立完成一章及以上；或参编 985 高校组织的多校合编的教材 1 部，独立完成一章及以上； （8）国内外正规出版社出版专著 1 部，字数要求理工类 5 万字及以上、人文类 7 万字及以上；或参编国内外正规出版社出版普通著作 1 部，字数要求理工类 12 万字及以上、人文类 16 万字及以上； （9）国际专利 1 项，教学型和教学科研型人员要求前五名、科研教学型人员要求前四名；或发明专利 1 项，教学型人员要求前三名、教学科研型人员要求前二名、科研教学型人员要求第一名； （10）在教学竞赛中获省级三等及以上奖 1 次；或作为指导教师（前二名）指导学生参加 A 类竞赛获国家级三等及以上奖 1 次/A 类竞赛获省级二等及以上奖 1 次/B 类竞赛获国家级二等及以上奖 1 次； （11）教师本人或作为主教练在全国运动会、全国大学生运动会及以上比赛中获前八名 1 次/全国单项比赛、全国大学生单项比赛、全国大学生集体项目比赛中获前六名 1 次/省全民运动会、省外高校协作区比赛获前二名 1 次/省大学生运动会比赛中获第一名 1 次； （12）作为横向合同负责人，年累计实际进账经费：理工类教学型 8 万元、教学科研型 10 万元、科研教学型

续表

学校	必备条件	可选条件
		15万元，人文类4万元； （13）科技成果转化学校实际年收益：理工类教学型3万元、教学科研型5万元、科研教学型10万元，人文类2万元
太原科技大学	具备下列必备条件，并具备其他应备条件之一，可竞聘本级岗位： 必备条件：以第一作者或通讯作者身份直接在国家级学术期刊、期刊EI发表学术论文1篇或被CSSCI收录1篇，且在省级以上学术期刊发表科研或教学论文2篇。 其他应备条件：	（1）参与国家级重大项目（个人有排名），或国家级项目、省级有经费支持的项目（个人排名前五），且我校为第一完成单位或合作完成单位； （2）国家级精品课程一门（个人排名前八），或省级精品课程一门（个人排名前六），且我校为第一完成单位，或校级精品课程一门（个人排名第一）； （3）国家发明专利一项（个人排前三名），或实用新型专利、外观设计专利、软件著作权及其他知识产权一项（个人排第一名）； （4）获得国家科学技术奖、国家级教学成果奖、国家哲学社会科学优秀成果奖、中国高校人文社会科学成果奖、中国专利金奖或其他国家级奖一等奖（个人有证书）一项或二等奖（个人有证书）一项，且我校为第一完成单位或合作完成单位； （5）获得省级科学技术奖（个人排名前四）一项，或获得省教学成果奖、省哲学社会科学优秀成果奖、省人文社会科学优秀成果奖（个人排名前三）一项； （6）教师本人或作为主教练在全国运动会、全国大学生运动会及以上比赛中获前五名一次，或全国单项比赛、全国大学生单项比赛中获得前三名一次，或在山西省全民运动会、省外高校协作区比赛、省大学生运动会比赛中获前二名一次； （7）指导学生参加国家“五大竞赛”（数学建模、电子设计、广告艺术、CCTV杯高校英语口语、“挑战杯”）获得国家三等奖一次或省级一等奖一次；

续表

学校	必备条件	可选条件
		(8) 获得省级及以上教学竞赛二等奖一次; (9) 在 CSSCI 收录的一级专业期刊发表美术、设计作品，作品 1 幅，作品不少于 1/2 版面; (10) 出版专著或普通著作一部，字数理工科 10 万字及以上，文科 12 万字及以上; (11) 参编国家级“十一五、十二五规划”教材、“面向二十一世纪教材”，或由有关部委教材审定机构批准立项出版的规划教材一部，独立完成一章及以上; (12) 横向课题年均科研进款，理工科 7 万元，文科 3 万元

6.3 基于契约的高校教师绩效评价

6.3.1 基于契约的意义

作为组织的高等院校，与外部合作事宜完成的基础是契约，依照签署的契约实施合作行为，如果违约，契约签署各方都将受到不同程度的制裁。如签署科研任务书，如果不能完成科研项目，项目下达机构可能会采取措施对项目负责人实施一定的制裁。

作为组织的高等院校，与内部合作事宜完成的基础也应该是契约，签署了契约，参与方就会尽心尽力去完成契约。如各个系部与科技管理部门签署科研任务契约之后，系部负责人就会朝着目标去奋斗，完成契约规定的任务。

作为组织的高等院校，在外部不得不签署契约并努力完成契约，因为外部力量的制约较大，违约之后也将受到惩罚。作为组织的高等院校，历来忽视内部契约的签署和违约的惩罚，要么没有契约可遵循，要么有了契约也不遵循。

目前各个高校都在进行绩效工资改革，将教师绩效问题彰显出来。各个高校都在以省里的政策为导向，制定适合本校校情的绩效考评体系，为绩效工资改革做出准备，有的高校甚至已经实施了绩效工资改革。

作为组织的高等院校，应该把外部契约转向内部契约。在高校绩效工资改革当中，引进契约，通过契约激励教师完成其应该完成的任务，也通过契约制约那些没有完成任务的教师，实现激励与约束的相容。解决部分教师只看到其他高校其他教师工资待遇高，却看不到其他高校其他教师付出的问题。

6.3.2 基于契约的原因

在高校教师绩效考评过程中，引入契约机制，实现激励与约束的相容。引入的契约机制，必须具有明显导向性，导向我国高等教育中长期发展规划指向的几个要点，即应用型人才培养、团队精神、师德为先、学术引领等内涵。

1）从国外高校教师考评的轨迹来看，20 世纪 20～50 年代关注教学方法，50～60 年代关注教师个人素质，60 年代以后关注教学、科研、服务。这是一个从单纯的教学转向教师除了教学之外个人素质的过程，也是一个单纯由教师个人素质转向教师向社会服务的过程。

2）从国内高校教师考评的情况来看，主要是借助机关考评方法，从德、能、勤、绩四个方面考评教师。教师的岗位职责与机关干部具有明显的差异，这种借鉴方法不适用于高校教师的考评。

3）从整体上来看，技术层和操作层多于导向。从目前的高校教师绩效考评指标来看，为了实现可操作性，基本上都是以量化的科研成果作为评价依据，直接导向了科研，忽视了教学和服务，更忽视了团队精神、师德、长效、应用等导向。

4）从发展的角度来看，教师个人发展与组织战略目标应该具有协同性。但是从目前的教师考评标准来看，以科研成果为导向，等于告诉教师，你做科研就可以了，你的个人发展就是发论文、出专著、做项目，忽视了教师作为人的全面素质的培养，也与我国高等教育中长期规划培养应用型人才的目标有一定差异。

7　山西省高校科技成果转化政策的制定

7.1 大学科技成果转化现状

刘永林、傅正华和刘泽政❶的研究显示，美国政府在20世纪90年代，对科技战略进行改革与调整，使政府对国家创新体系的管理从分散型向综合管理型转变；使公共研发机构走向自主；使“官产学研”互动创新体系走向成熟，即一个国家的政府、企业、大学和公共科研机构在技术创新和产业进步上的相互结合与良好互动❷。在美国，“一个政府，如果不能慷慨而明智地支持并鼓励大学、工业和政府实验室中的科研工作，就没有履行自己的职责。”盖格曾这样评论这些大型研究机构：它们精心地创造“集聚”效应，产学双方的科学家和工程师能进行高水平的交流。这种交流能极大地促进大学的学术研究和技术创新向产业界转移❸。

张万彬和罗海山❹（2008年）认为，我国大学科技成果转化的低效反映了我国大学办学理念和体制上的缺陷，也显露了我国相应法律政策规范的缺失。我国高校科技成果转化率低的原因主要体现在三个方面：我国大学的办学理念和管理体制上存在着不足；我国对大学科技成果转化的法律建设滞后，存在着权利的模糊和错配，影响了高校科技创新和成果转化的效率；我国的资本市场结构扭曲，没有为大学的科技成果转化提供良好的融资环境。

---

❶ 刘永林等．美日韩三国科技政策的演变及对我国的启示［J］．科技管理研究，2013（2）：31-34.

❷ 李春花．韩国“技术立国”的阶段性调整与连续性特征［J］．社会科学辑刊，2009（2）：62-65.

❸ JOHN，JANKOWSKI. New NSF survey finds six states ac-count fornearly half of stateagencies'R & D expendi tures［EB/OL］. http：//www. nsf. gov/ statistics/ infbrief/ nsf 08309/，2008-05-08.

❹ 张万彬，罗海山．促进高校科技成果转化的立法及管理政策研究［J］．海南金融，2008（9）：53.

除了官产学研结合之外，目前，大学科技成果转化主要依靠两个途径：一是大学科技园，二是校办产业。

张楠、林绍福和孟庆国（2010 年）的调查结果显示，在科技创新基地与平台建设政策中，诸如国家工程研究中心、国家工程实验室的管理办法与企业相关性不高，受访企业较为关注的是有关大学科技园、科技企业孵化器、高新技术产业开发区等平台的管理办法。尤其是大学科技园的模式，被认为是促进产学研结合的有效途径。在受访企业中，有过半数企业所掌握的自主创新技术脱胎于高校，有些企业本身也是从大学科技园走出来的❶。

我国科技园区数量众多❷，截至 2009 年年底，全国共有 56 个国家级高新区、69 个国家级大学科技园、670 多个科技企业孵化器、150 多个留学生创业园，还有 1000 多个省级和省级以下各种类型的科技园区。

根据规划，到 2015 年，全国大学科技园总数达到 200 家，三级体系进一步完善。国家大学科技园总数达到 100 家，园区可自主支配面积达到 1000 万平方米，依托专业服务机构总数达到 1000 家，在孵企业 8000 家。“十二五”期间，累计毕业企业 5000 家，服务企业 10 万家，转化科技成果 10000 项，培育创新创业人才 10 万人，依托国家大学科技园的学生科技创业实习基地 80 家，培育学生科技创业企业 3000 家❸。

根据国家财税字［1994］001 号文件的精神，高校校办产业，是指相当一级高等教育主管部门和主管税务机关审查批准，由高等学校出资自办的、由高校负责经营管理、经营收入归高校所有的各类法人经济实体的总称。

1）从目的方面来看，高校创办科技产业是为了将科技成果尽快地转化成生产力。高校通过科技产业对学校所拥有的科技成果进行中试或二次开发，发挥技术孵化器的作用，将科技成果物化成熟，促进科技成果向生产力转化，缩短科技转化为生产力的周期，推动社会的科技进步，最终实现技术和产品向社会双向辐射，为经济建设多作贡献。

---

❶ 张楠等．现行科技政策体系与 ICT 自主创新企业反馈研究［J］．中国软科学，2010（3）：24-26.

❷ 方建中，邹红．集群导向的科技园区发展：逻辑、演化与路径［J］．江海学刊，2010（6）：79-83.

❸ 吴俊清．中西部工科院校学科建设绩效评价研究［M］．北京：知识产权出版社，2012.

2）从性质方面来看，高校科技产业以发展高新技术产业为主，由于高新技术产业具有高投入、高风险、高收入的特点，相应地高校科技产业也具有高投入、高风险、高收益的性质，因而高校科技产业的发展需要特殊的创业环境和政策支持。

3）从发展模式来看，高校科技产业是高新技术产业化的主要方式之一（目前高新技术产业化的主要方式有：创办高新技术产业开发区，高校及科研所兴办科技企业，企业用高新技术改造传统产业等方式），高校兴办科技企业，就地将高新技术成果转化成生产力，是继创办高新技术产业开发区之后，高新技术产业发展的又一新的生长点❶。

7.2 太原科技大学科技成果转化政策

7.2.1 对科研成果转化为本科教材内容奖励的规定

为了进一步推进科研成果转化为本科教学的内容，以通过科研工作促进本科教学工作，太原科技大学出台了《太原科技大学关于对科研成果转化为本科教材内容进行奖励的规定》，规定适用于太原科技大学教师、科技人员及实验室人员。

该《规定》规定，科研成果被纳入国家计划的教材所采用，成为教材中某一章节的主要内容时，对该项科研成果奖励500科分；科研成果被纳入省部或行业编写计划的教材所采用，成为教材中某一章节的主要内容时，对该项科研成果奖励300科分。

对于享受该奖励规定的科研成果，要提供相应的支撑材料。

科研成果被自己或他人专著、论文等文献所引用时，不适用于该规定。对于该规定所规定的内容，距离正式的科技成果转化还有一定的差距，但是已经提高了科技成果转化的意识，将科技成果转化为教材，应用到教学当中，把教学和科研结合起来。尽管不能完全体现科技成果转化为现实生产力，但是在成果转化方面，已经走在了山西高校的前端。

---

❶ 中国高校校办产业协会．高校科技产业的理论与实践［M］．南京：南京大学出版社，1999：75.

7.2.2 太原科技大学产学研董事会章程

为适应社会主义市场经济发展的需要，积极探索政府宏观管理，社会各界广泛参与，学校面向社会自主办学的新体制，特建立与之相适应的新的运行机制，太原科技大学设立了太原科技大学产学研董事会，出台了《太原科技大学产学研董事会章程［草案］》（简称草案）。

根据草案内容，产学研董事会是对学校办学、教育、科技等重要事务进行咨询、评议、审议的机构；是董事单位与学校建立和发展长期、稳定、紧密的合作关系的桥梁、纽带和协调机构；是支持学校改革与发展，促进董事单位技术创新的重要组织形式。

产学研董事会的指导思想与工作目标是：贯彻党的教育方针和《中国教育改革和发展纲要》。加强董事会单位与学校的紧密联系，在国家和地方政府的领导下，推动企业（集团）参与办学，实行产学研结合，更有效地为地方、企业和研究院（所）服务，推进学校的发展，不断提高教育质量，提高办学水平和效益，把太原科技大学建成具有自己特色的有省内一流综合办学实力，从而进入国内同类院校先进行列的社会主义大学。

太原科技大学产学研董事会，为山西省企业技术创新促进会成员单位，在山西省产学研工程领导组的指导下开展工作。贯彻落实中共山西省委、山西省人民政府《关于加强技术创新发展高科技实现产业化的决定》，积极为提高山西经济的整体素质和综合实力贡献力量。

（1）产学研董事会责权

保证党的路线方针和国家法令的执行，审议学校的重大改革方案，指导学校在深化改革过程中办出特色和水平。

对学校一定时期的办学目标、发展战略规划以及学校的学科建设、专业设置和基础设施计划等进行讨论，提出咨询意见和建议。

根据国家和地方的经济建设和社会发展对人才的需求，并考虑各董事单位对人才的需求，审议学校提出的人才培养规划。

审议学校科研发展的指导原则和主要措施，对学校科研发展方向和重大科研项目提出意见。

代表学校对外筹款，代表学校接受捐赠。

审定产学研董事会下属教育合作与人才培养委员会、科研与产业合作委员会、咨询委员会工作报告以及基金委员会资金使用方向和重点，审定基金委员会的年度预决算，并实行监督。

检查、督促学校和董事单位认真履行各自的义务。

审议、决定新增补的董事单位，选举董事长、副董事长。

聘任产学研董事会下属各工作委员会组成人员并指导各委员会工作，聘任产学研董事会秘书长、副秘书长、各委员会负责人。

(2) 义务

学校与董事单位本着以市场机制为导向，以互惠互利为前提，以项目合作和人才培养为依托的原则共同建立教学、科研、生产三结合基地，共同创造条件增设董事单位急需的新学科、新专业；联合申报学位及招收工程型研究生，联合创办研究所、工程研究中心、实验室，联合申报产学研联合开发工程项目等。

在人才培养方面，各单位应紧密合作。学校要优先考虑向董事单位输送其所需的各类专门人才（如学校为董事单位提前举办学生就业洽谈会），优先考虑为董事单位的职工培训和各种层次的继续教育提供优质优惠服务。在国家政策允许范围内，优先考虑为董事单位职工和子弟就学创造条件。各董事单位应优先优惠为学校提供生产实习基地和场所，选派有经验的工程技术人员指导实习和设计，协助学校加强对学生的管理、教育和考核，共同培养学生；同时，优先考虑在学校设立专项奖金学，鼓励品学兼优的学生毕业后到董事单位服务。

在科技合作方面，学校与各董事单位要在优势互补、互惠互利的基础上，合作组织科研、技术攻关和技术开发。学校要优先考虑以优惠条件向董事单位转让科技成果；各董事单位在同等条件下，应优先向学校提供合作项目。

加强在信息和学术交流方面的合作。学校可组织校内外专家定期或不定期地对董事单位的发展战略、管理经营、科技进步、技术改造等工作进行专题研究和讨论，并应董事单位之邀可组织专项技术攻关研究。在参加有关专业会议、开展国际学术、科技交流方面，学校和各董事单位要相互提供信息和优惠条件。各董事单位要利用自身的信息优势，互为对方提供国内外科学技术信息。学校图书馆的资料、图书和国际联机科技情报检索系统要优先优惠为董事单位提供服务。

学校和各董事单位要发挥各自的人才优势，根据需要，相互选派有丰富实践经验和较高理论水平的专家到对方单位兼任教学、科研、管理或技术工作，以实现优势互补，共同发展。

学校与董事单位间在可供开放的实验室、实验设备、检测设备的使用方面，相互提供优先优惠服务。

在产业开发方面，学校与各董事单位加强合作，相互支持。学校的产业开发工作要积极地为董事单位服务，董事单位要积极支持学校发展校办产业。校企间也可以多种形式共同创办、发展高新技术企业。

为促进学校和董事单位教学、科研、生产、经营工作的开展，董事单位参加产学研董事会下属的基金委员会，筹集和提供教育发展基金，并以各种形式对学校提供赞助。

（3）组织

产学研董事会由与学校发展相关的政府部门、企业（包括民营或个体）、研究院（所）等以及学校各方面代表人士组成。产学研董事会成员每届任期四年。

产学研董事会设董事长一人，副董事长若干人（含常务副董事长一人）。董事长和副董事长由董事会全体会议选举产生。

产学研董事会设名誉董事长、名誉董事若干人，由产学研董事会聘请地方党政领导、国内外知名学者及知名人士担任。

产学研董事会设立基金委员会、教育合作与人才培养委员会、科研与产业合作委员会和咨询委员会，在董事会指导下开展活动。

新增补董事会成员，由希望加入的企业、科研院（所）及地方政府与董事会协商后，由董事长提名，董事会讨论确定。

董事单位要求退出和董事提出辞职，须提交书面函件，由董事会全体会议或董事长办公会议讨论同意后准予办理。

产学研董事会全体会议每学年举行一至二次。

产学研董事会设秘书处，负责董事会的日常工作。秘书长、副秘书长由董事长提名，董事会聘任。

对一年以上不履行产学研董事会章程规定的义务，不参加董事会工作与活动的董事单位，经董事长提议，参加全体会议的董事三分之二以上人数同意后，暂停其在董事会的活动一年。

若被暂停活动的董事单位仍不愿履行董事会章程规定的义务，经董事长提议，参加全体会议的董事三分之二以上人数同意，终止其董事单位资格。

(4) 董事会与学术委员会的区别

从太原科技大学产学研董事会的章程来看，与学术委员会有一致性，体现在董事会的责权上面，只不过董事会的董事由来自政府部门、企业（包括民营或个体)、研究院（所）等以及学校各方面代表人士组成，更有利于学校教学和科研以及人才培养。

从太原科技大学产学研董事会的章程来看，与学术委员会有外延性，体现在政府部门、企业（包括民营或个体)、研究院（所）与高校的互动上，多方可以资源共享，政府部门、企业（包括民营或个体)、研究院（所）可以利用太原科技大学的信息资源和仪器设备，同时，需要优先给予太原科技大学科研项目、优先录用太原科技大学的毕业生。

究其实质，产学研董事会是一个社会力量占比例较大的学术委员会，本着多方共同发展的原则，共建高校，实效如何还需要合作多面之后才能体现出来。但是，至少太原科技大学敢为山西高校之先，在产学研结合方面迈出了制度性的一步。

7.3 中北大学科技园

7.3.1 中北大学科技园简介

山西省的工科院校只有太原理工大学、太原科技大学、中北大学、太原工业学院四所，大学科技园只有中北大学一个，依托院校为中北大学、山西大学、太原理工大学、太原科技大学。始创于 2002 年 4 月的中北科技园，2009 年 2 月，被国家科技部、教育部正式批准中北科技园为国家大学科技园，成为山西省首家国家大学科技园，填补了山西省国家大学科技园建设的空白。

目前，山西中北国家大学科技园已初具规模，建筑总面积2.6万平方米，孵化面积1.6万平方米，入驻企业及机构62家，孵化企业57家，园区从业人员1253人，科技园累计转化科研成果300多项，授权专利20多项，培训学生及社会人员3000多人。科技园积极响应省委省政府科教兴晋、人才强省的战略方针，精耕细作，与时俱增，正日益成为山西省高新技术企业孵化和创新型人才培养的重要基地，有力地推动了山西省产业结构调整和社会经济发展。

山西中北国家大学科技园的运行模式为“多校一园”，以中北大学为主导，依托山西大学、太原理工大学、太原科技大学等高校，并与中北大学各研究机构和职能部门进行了密切合作，建设了孵化平台、知识产权服务平台和技术转移平台，吸收了大批学生入园创业和实习，社会效益和经济效益得以显现。

但是山西中北国家大学科技园起步较晚，规模小，科技园整体实力较弱，主要问题体现在硬件条件严重不足，园区面积和运行经费距离国家标准有较大差距，政府尚没有出台支持大学科技园的具体政策，发展环境的缺失导致发展存在较大困难。

“十二五”期间，国家对大学科技园实行动态管理，定期进行考核，2011年组织了首次绩效评价，对全国86家大学科技园进行了11个一级指标的考核。山西中北国家大学科技园在“科技园可自主支配场地总面积（大于等于1500平方米）”和“园区孵化场地面积（大于等于1000平方米）”两方面不达标，被限期整改。

为了促进大学科技园区建设，山西中北国家大学科技园可以采取以下几个方面措施：

1）制定并实施大学科技园发展的相关政策。政府应出台针对大学科技园的配套支持政策，在孵化基金、财税政策、项目申报、学生创业、人才服务、平台建设、企业扶持、经营环境、宣传推广等方面制定具体扶持政策。

2）尽快落实大学科技园科技孵化大楼专项建设资金，并及早启动建设工作。可以借力于山西资本市场，尽快实现融资，建设科技孵化大楼。

3）形成良性循环，筹集大学科技园必需的运营经费。

7.3.2 中北大学科技园入驻企业

截止到2013年7月底，中北大学入驻企业有57家，部分入驻企业名单见表7-1。

从入驻的42家企业来看，主要以科技有限公司为主，大约超过所有公司的三分之二，内容涉及机械、电子、化工、材料、环境等多种学科。孵化器公司有1家，是太原科景科技孵化器有限公司，所占比例为2%。从事信息咨询的公司有2家，分别是太原石云地质信息咨询有限公司和太原市尖草坪区专利代理服务中心，所占比例为5%。科技文化公司有1家，为太原市贤博科技文化有限公司，所占比例为2%。科技贸易公司有2家，分别是太原市弘锐致盛科技贸易有限公司和山西诚信成鑫科工贸有限公司，所占比例为5%。此外，太原市捷锐广告策划有限公司和山西华工环通人力资源开发有限公司分别从事广告策划和人力资源开发。

从公司所属范围和学科来看，中北大学科技园的入驻企业主要以产品开发和销售为主，从事科技成果转化的企业比较少，不利于科技成果转化。

表7-1 中北大学科技园部分入驻企业名单

企 业	企 业	企 业
山西两仪激光技术有限公司	太原市巨能材料科技有限公司	太原市贤博科技文化有限公司
太原石云地质信息咨询有限公司	山西中北科技园有限公司	山西双丰科技有限公司
太原艾文科技有限公司	太原科景科技孵化器有限公司	山西泰和鑫软件有限公司
山西英伟特科技有限公司	太原福家科技有限公司	太原市尖草坪区专利代理服务中心
太原众合科技有限公司	太原智知行科技有限公司	太原仲北动态测控技术有限公司
太原鼎维科教仪器有限公司	太原关玉科技开发有限公司	太原菲亚高分子复合材料有限公司

续表

企 业	企 业	企 业
太原市竟先环境技术有限公司	太原市鹊拓瓶科技开发有限公司	太原市弘锐致盛科技贸易有限公司
山西晋通天下人科技有限公司	太原市智汇成工控科技有限公司	太原市上唯鑫柯照明科技有限公司
太原市绿色环宇科技有限公司	山西金鼎泰科技有限公司	山西天眼视讯科技有限公司
山西元贞科工贸有限公司	山西天马光电标识有限公司	太原市捷锐广告策划有限公司
太原市善升科技有限公司	山西开心通达科贸有限公司	山西华工环通人力资源开发有限公司
山西强业农业科技有限公司	山西诚信成鑫科工贸有限公司	太原市中北和利装备防护技术有限公司
太原嘉德机械科技有限公司	太原博益源光电科技有限公司	太原格瑞斯机械有限公司
太原众成软件科技有限公司	太原华纳方盛科技有限公司	太原恒欣微电子技术有限公司

从中北大学科技园孵化项目的成果来看，在科技园网站上检索到 4 项，分别是《超重力法选择性脱除水煤气中硫化氢》、《撞击流——旋转填料床萃取器》、《环保型多营养元素高分子缓释化肥》、《启明星智能路灯控制系统及信息处理平台》，项目简介列表 7–2 如下。

其中，《环保型多营养元素高分子缓释化肥》项目取得较好效果，该项目具有完全自主知识产权，2006 年获得山西省科技进步一等奖，并已申请了一项中国发明专利、一项美国发明专利、一项英国发明专利、一项德国发明专利、一项法国发明专利、一项日本发明专利。但是该项目的成果转化情况没有具体说明。

从中北大学科技园的现状来看，山西高校在科技方面存在两个问题：一是拥有知识产权的成果比较少，二是能够转化的成果更少，因此要继续出台相关大学科技园政策，扶持大学科技园的发展。

表7-2　中北大学科技园孵化项目

项目名称	项目简介
超重力法选择性脱除水煤气中硫化氢	该技术用于脱除水煤气或半水煤气中硫化氢，采用先进的超重力技术脱除硫化氢气体。具有脱硫效率高，可达99%以上；气相压降小，不高于所用150mm水柱；停留时间短，碱耗低；设备体积小，是普通脱硫塔的1/10-1/20；维护简单，开停车方便。特别适合于含有多种酸性气体的复杂体系中选择性脱除硫化氢。具有广阔的应用前景和良好的社会环保效益与经济效益
撞击流-旋转填料床萃取器	本成果从强化两相流体混合与萃取传质过程的角度出发，开发研制了撞击流——旋转填料床萃取器（Impinging Stream-Rotating Packed Bed Extractor，IS-RPBE），对IS-RPBE微观混合性能、萃取传质性能、水力学性能研究结果表明：IS-RPBE可实现液液间的快速微观混合，其混合性能明显优于其他混合设备；IS-RPBE内物料停留时间小于1s，萃取级效率可达99.0%以上
环保型多营养元素高分子缓释化肥	本成果通过分子设计将植物生长所必需的N、P、K三大主要营养元素和Fe、Cu、Mg、Zn等多种微量元素有机地组合在降解高分子材料的同一大分子链上，降解高分子材料的降解产物是易被植物吸收利用的小分子养分，控制降解速度就可以控制各种养分的释放速度，肥料利用率超过80%，这样，不仅可以避免流失化肥给土壤、水体、大气造成污染，而且可使我国每年用于购买化肥的支出大幅度降低。 该项目具有完全自主知识产权，2006年获得山西省科技进步一等奖，并已申请了一项中国发明专利、一项美国发明专利、一项英国发明专利、一项德国发明专利、一项法国发明专利、一项日本发明专利
启明星智能路灯控制系统及信息处理平台	公共路灯智能控制及管理系统由计算机网络系统、通讯系统和现场的若干个智能终端控制装置所组成。每台终端控制装置为一条或多条街区路灯供电，每个控制终端称为一个次级节点。开关灯控制则由控制箱的双向可控硅实现。街区路灯控制终端为设在各节点站的下位机主机（从节点）与设在中央控制室的上位机（主节点）组成的两级分布式计算机控制系统

8　山西省高校科技政策体系实效调查

8.1 总体调查

8.1.1 问卷设计与调查

以山西省高校科技政策构成体系为依据，我们设计了关于高校科技政策制定及其实效的调查问卷，问卷共分23个问题，答案采用选择形式。

关于高校科技政策制定及其实效的一次调查

1. 你认为你们学校的科技政策是否形成了体系？是　否
2. 你们学校的科技政策体系是否完善？是　否
3. 你们学校的科技政策是否执行到位？是　否
4. 你们学校的科技政策实施效果如何？好　一般　较差
5. 你们学校是否制定了科技奖励政策？是　否
6. 你们学校是否制定了科技人才引进政策？是　否
7. 你们学校是否制定了科技投融资政策？是　否
8. 你们学校是否制定了产学研政策？是　否
9. 你们学校是否制定了科技产业化政策？是　否
10. 你们学校是否制定了科技国际交流政策？是　否
11. 你们学校的科技政策是否导向于鼓励服务地方经济？是　否
12. 你们学校的科技政策是否导向于鼓励横向课题？是　否
13. 你们学校的科技政策是否导向于鼓励产业化？是　否
14. 你们学校的科技政策是否与政府科技政策具有一致性？是　否
15. 你们学校的横向课题是否较多？是　否

16. 你们学校科研项目选题是否与山西经济发展相一致？是　否

17. 你们学校有一个良好的科研氛围么？是　否

18. 你们学校科技管理部门对科研的支持力度大么？大　一般　小

19. 讲课和科研你更愿意做哪一项工作？讲课　科研

20. 你们学校是否制定了人才培养的相关政策？是　否

21. 你认为山西省的科技人才对山西经济发展的贡献大么？

大　一般　小

22. 你认为大学科技园发挥的作用是否比较大？大　一般　小

23. 如果你有企业，你愿意入驻中北大学科技园么？

愿意　不了解　不愿意

在调查问卷设计之后，我们组织实施了问卷调查。2013 年 4 月 13 日到 4 月 19 日，山西省高校教师资格认证的测试工作完成。在此期间，在山西省高校教师资格认证中心的帮助下，我们向 50 位参与认证评委中的 37 位评委发放并回收了问卷，以期收集专家们对高校科技政策体系及其实施效果的看法。

8.1.2 问卷调查结果分析

经过对 37 份回收问卷的统计，列表 8-1 如下。其中，由于各个问题的答案不一致，有三个选择答案的，有两个选择答案的，三个选择答案也不尽相同，所以，将答案从左到右依次排列为 1、2、3，分别对应各个选择答案。

表 8-1　山西高校科技政策体系及其实效调查数据

问题	1	2	3	1	2	3
你认为你们学校的科技政策是否形成了体系？	19	18		51%	49%	
你们学校的科技政策体系是否完善？	13	24		35%	65%	
你们学校的科技政策是否执行到位？	20	17		54%	46%	
你们学校的科技政策实施效果如何？	5	26	6	14%	70%	16%
你们学校是否制定了科技奖励政策？	34	3		92%	8%	
你们学校是否制定了科技人才引进政策？	30	7		81%	19%	
你们学校是否制定了科技投融资政策？	8	29		22%	78%	

续表

问题	1	2	3	1	2	3
你们学校是否制定了产学研政策？	18	19		48%	52%	
你们学校是否制定了科技产业化政策？	12	25		32%	68%	
你们学校是否制定了科技国际交流政策？	15	22		41%	59%	
你们学校的科技政策是否导向于鼓励服务地方经济？	24	13		65%	35%	
你们学校的科技政策是否导向于鼓励横向课题？	24	13		65%	35%	
你们学校的科技政策是否导向于鼓励产业化？	15	22		41%	59%	
你们学校的科技政策是否与政府科技政策具有一致性？	24	13		65%	35%	
你们学校的横向课题是否较多？	7	30		19%	81%	
你们学校科研项目选题是否与山西经济发展相一致？	20	17		54%	46%	
你们学校有一个良好的科研氛围么？	11	26		30%	70%	
你们学校科技管理部门对科研的支持力度大么？	6	25	6	16%	68%	16%
讲课和科研你更愿意做哪一项工作？	19	18		51%	49%	
你们学校是否制定了人才培养的相关政策？	33	4		89%	11%	
你认为山西省的科技人才对山西经济发展的贡献大么？	0	30	7	0	81%	19%
你认为大学科技园发挥的作用是否比较大？	0	28	9	0	76%	24%
如果你有企业，你愿意入驻中北大学科技园么？	5	30	2	15%	81%	4%

（1）你认为你们学校的科技政策是否形成了体系

关于高校的科技政策是否形成了体系，37 份问卷中，19 份选择了是，18 份选择了否，几乎是对半的，表明有一半人认为山西省高校虽然有科技政策，但是科技政策没有形成体系，究其原因，可能与高校的科技政策总是以国家和地方政府科技政策为指导有关系，高校自己制定的科技政策则比较少。

(2) 你们学校的科技政策体系是否完善

关于高校的科技政策体系是否完善，35％选择了是，65％选择了否，表明大约三分之二的人认为高校科技政策体系不完善，与是否形成体系相比较而言，持否定态度的比例更大，进一步说明高校科技政策没有形成体系，所以更谈不上完善，高校在制定科技政策方面还需要进一步努力。

(3) 你们学校的科技政策是否执行到位

关于高校的科技政策是否执行到位，54％选择了是，46％选择了否，表明尽管高校科技政策是否形成体系还没有得到大多数认可，尽管大部分人选择了高校科技政策体系还需要进一步完善，但是就是在政策体系不完善的情况下，政策的执行还没有完全到位，仅仅有一半的人认为政策执行到位。政策制定是一个方面，政策的执行是另一个方面，如果这两个方面都不能得到教师的认可，高校的科技工作很难顺利开展。

(4) 你们学校的科技政策实施效果如何

关于高校的科技政策实施效果如何，14％的问卷认为好，70％的问卷认为一般，16％认为较差，表明高校科技政策由于制定不完善、执行不到位，导致实施效果一般，甚至还有部分人认为比较差，这恐怕与高校科技管理部门制定政策的初衷差距较大。

(5) 你们学校是否制定了科技奖励政策

关于高校是否制定了科技奖励政策，92％的问卷选择了是，8％的问卷选择了否，表明大部分高校都制定了科技奖励政策，而且高校对科技奖励政策的制定是受到绝大部分教师认可的。

(6) 你们学校是否制定了科技人才引进政策

关于高校是否制定了科技人才引进政策，81％的问卷选择了是，19％的问卷选择了否，表明大部分学校都制定了科技人才引进政策，而且高校科技人才引进政策也是受到大部分教师认可的。

(7) 你们学校是否制定了科技投融资政策

关于高校是否制定了科技投融资政策，22％的问卷选择了是，78％的问卷选择了否，表明大部分高校都没有制定科技投融资政策，而科技发展是需要有投入的，如果高校没有制定相关的科技投融资政策，科技投入就会相对不足，不利于科技发展。

(8) 你们学校是否制定了产学研政策

关于高校是否制定了产学研政策，48％的问卷选择了是，52％的问卷选择了否，表明高校产学研政策的制定还没有完善，只有不到一半的比例选择了是，而产学研结合是从中央到地方各个高校都在致力于追求的方向，目前只在导向上提倡，还没有真正落实到政策上。

(9) 你们学校是否制定了科技产业化政策

关于高校是否制定了科技产业化政策，32％的问卷选择了是，68％的问卷选择了否，表明大部分高校还没有制定科技产业化政策，如果说产学研结合政策都没有制定，产业化政策更会有所缺失，这可能与山西高校工科院校只有4所相关度比较大。

(10) 你们学校是否制定了科技国际交流政策

关于高校是否制定了科技国际交流政策，41％的问卷选择了是，59％的问卷选择了否，表明高校目前越来越重视科技国家合作交流，已经出台了相关政策，但是这个政策还没有在各个高校制定。

(11) 你们学校的科技政策是否导向于鼓励服务地方经济

关于高校的科技政策是否导向于鼓励服务地方经济，65％的问卷选择了是，35％的问卷选择了不是，表明山西高校的科技政策还是鼓励服务地方经济的，但是从科技政策的制定来看，鼓励的程度与国家政策的程度还是有一定距离的，还需要继续努力。

(12) 你们学校的科技政策是否导向于鼓励横向课题

关于高校的科技政策是否导向于鼓励横向课题，65％的问卷选择了是，35％的问卷选择了不是，表明山西高校的科技政策还是鼓励横向课题的，但是从科技政策的制定来看，鼓励的程度与国家政策的程度还是有一定距离的，还需要继续努力。

(13) 你们学校的科技政策是否导向于鼓励产业化

关于高校的科技政策是否导向于鼓励产业化，41％的问卷选择了是，

59%的问卷选择了不是，表明山西高校科技政策的制定，对于科技产业化的重视程度不够，如果说鼓励程度都不够，产业化的实践恐怕更难推进。

(14) 你们学校的科技政策是否与政府科技政策具有一致性

关于高校的科技政策是否与政府科技政策具有一致性，65%的问卷选择了是，35%的问卷选择了不是，表明高校的科技政策与政府科技政策在一致性方面虽然有共同性，但是还没有达到完全一致，还需要进一步落实政府的科技政策。

(15) 你们学校的横向课题是否较多

关于高校的横向课题是否较多，19%的问卷选择了是，81%的问卷选择了不是，表明山西高校科技政策的制定与政府科技政策的一致性有一定差距，导致对横向课题的鼓励程度不够，最终的结果是山西高校横向课题非常少，基本上课题都是以纵向课题为主的，在这种情况下，山西高校对地方经济的服务程度必然也是比较小的。

(16) 你们学校科研项目选题是否与山西经济发展相一致

关于高校科研项目选题是否与山西经济发展相一致，54%的问卷选择了是，46%的问卷选择了不是，表明一般问卷认同科研项目选题与山西经济发展相一致，一半还不认同。如果说山西高校科研项目的选题与地方经济发展存在一定的差异性，那么，很难做到为地方经济服务，这与国家相关政策也是有差距的，也说明山西高校科技政策的制定还有待于进一步完善。

(17) 你们学校有一个良好的科研氛围么

关于高校是否有一个良好的科研氛围，30%的问卷选择了是，70%的问卷选择了不是，表明山西高校的科研氛围有较大的缺失，所以才会有三分之二的问卷认为没有一个良好的科研氛围，山西高校科技管理部门应该为打造一个良好的科研氛围做一个引导。

(18) 你们学校科技管理部门对科研的支持力度大么

关于高校科技管理部门对科研的支持力度是否比较大，16%的问卷选择了大，68%的问卷选择了一般，16%的问卷选择了小，表明山西高校科技管理部门对科研的支持力度，与教师的期望存在较大的差距，高校科技管理部门需要在工作上进行较大幅度的改良。

(19) 讲课和科研你更愿意做哪一项工作

关于讲课和科研你更愿意做哪一项工作，51%的问卷选择了讲课，49%的问卷选择了科研，表明山西高校不管自己如何看待自己，在教师眼里都是以讲课为主的，教师的科研积极性没有调动起来，科研实效自然难以达到预期，山西高校要成为科研型院校，还有一段较为漫长的时间，还需要科技管理部门进一步做出努力。

(20) 你们学校是否制定了人才培养的相关政策

关于高校是否制定了人才培养的相关政策，89%的问卷选择了是，11%的问卷选择了不是，表明山西高校基本上都制定了人才培养政策，但是人才培养的效果与期望有一定差距，不然教师也不会更注重讲课。人才培养不是空谈在政策里，而是需要落实在行动上，这个落实又需要多方面共同努力。

(21) 你认为山西省的科技人才对山西经济发展的贡献大么

关于山西省的科技人才对山西经济发展的贡献是否比较大，没有问卷选择了大，81%的问卷选择了一般，19%的问卷选择了小，表明山西省的科技人才对山西经济发展的贡献可以说与预期有较大的差距，也进一步说明山西高校人才培养政策的实效性比较小。

(22) 你认为大学科技园发挥的作用是否比较大

关于大学科技园发挥的作用是否比较大，没有问卷选择了大，76%的问卷选择了一般，24%的问卷选择了小，表明大学科技园发挥的作用与期望有一定差距。山西高校的大学科技园仅有一个，就是中北大学科技园，该园区的发展状况相对较差，曾经被科技部以黄牌警示。

(23) 如果你有企业，你愿意入驻中北大学科技园么

关于企业是否愿意入驻中北大学科技园的问题，15%问卷选择了愿意，81%的问卷选择了不了解，4%的问卷选择了不愿意，表明教师对大学科技园的认知程度存在明显不足，可能对国家对大学科技园的优惠政策不了解，大学科技园发挥的作用比较小，而且对大学科技园的宣传程度也不足。

8.1.3 结论

从问卷设计开始，就是本着这样一个思路的：

首先，高校的科技政策应该成一个体系，这个包括奖励政策、投融资政策、人才培养政策、人才引进政策、产学研结合政策、科技产业化政策、科技国际合作交流政策等。

其次，围绕着高校科技政策看其实效，从政策的宏观性来看，应该从是否与政府科技政策具有一致性、是否与山西地方经济发展相一致比较多、是否对山西经济发展贡献比较大三个方面来表征。

再次，围绕着高校科技政策看其实效，从政策的整体上来看，应该从政策是否完善、执行是否到位、效果到底如何三个方面来表征。

接着，围绕着高校科技政策看其实效，从政策的导向性来看，应该从高校科技政策是否导向于横向课题、是否导向于鼓励产业化、是否导向于鼓励服务地方经济三个方面来表征。

然后，从软管理的角度来看，应该从高校科技管理部门对科研的支持力度是否比较大、高校是否有一个良好的科研氛围、高校科研项目选题是否与山西经济发展相一致三个方面来表征。

最后，看实际成效，可以看横向课题是否比较多、大学科技园发挥的作用是否比较大、如果有企业，是否愿意入驻大学科技园来进一步补充和完善。

这个思路，可以用图 8-1 描述为：

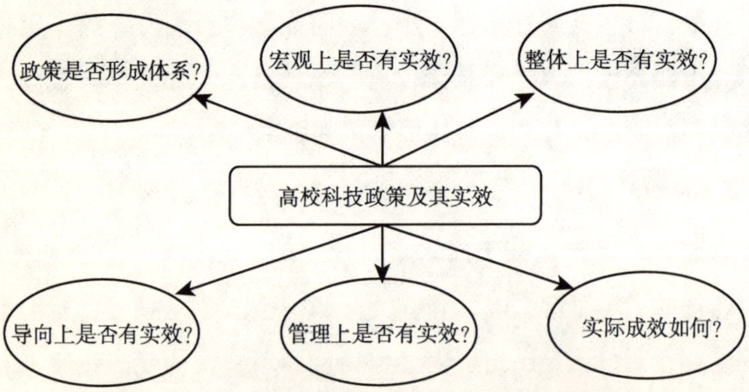

图 8-1　高校科技政策及其实效问卷调查思路

在这个思路下开展了问卷调查，根据问卷调查结果分析，我们得出结论如下：

1）山西高校科技政策是否形成了一个体系还没有形成一致性认知，因为只有科技奖励政策和科技人才引进政策得到了大多数样本的认可，而投融资政策、人才培养政策、产学研结合政策、科技产业化政策、科技国际合作交流政策等政策的制定和实施可能还有所缺失。

2）围绕着高校科技政策看其实效，从政策的宏观性来看，山西高校科技政策的制定与实施，在是否与政府科技政策具有一致性、是否与山西地方经济发展相一致比较多两个方面，基本上只有半数的样本认可，还有半数的样本反对。更为关键的是，选择是否对山西经济发展贡献比较大，没有样本选择是，表明从政策的宏观性来看，山西高校科技政策的制定实效性较差。

3）围绕着高校科技政策看其实效，从政策的整体上来看，半数的样本认为政策完善、三分之一的样本认为执行到位、14%的样本认为效果较好，也说明高校教师认为高校科技政策的制定和实施效果整体上较差。

4）围绕着高校科技政策看其实效，从政策的导向性来看，半数的样本认为高校科技政策导向于横向课题、导向于鼓励产业化、导向于鼓励服务地方经济，这三个方面都是国家与地方政府的导向，表明高校科技政策的导向还没有得到绝大部分教师的认可。

5）从软管理的角度来看，高校科技管理部门对科研的支持力度比较小，既没有打造好一个良好的科研氛围，也没有对高校科研项目的选题作指导。

6）看实际成效，高校的横向课题非常少、大学科技园发挥的作用比较小、教师对大学科技园也几乎没有什么认知，产学研结合、产业化发展、服务地方经济基本上没有什么实效。

8.2 绩效工资改革实效调查

8.2.1 问卷设计与调查

以山西省高校绩效工资改革方案为依据，我们设计了关于高校绩效工资改革及其实效的调查问卷，问卷共分 17 个问题，答案采用选择形式。

关于高校绩效工资发放及其实效的一次调查

1. 你对你校绩效工资的发放总体上是否满意？是　否

2. 你认为你校绩效工资的发放是否能够起到激励教师的作用？是　否

3. 你认为你校绩效工资的发放是否能够起到约束教师的作用？是　否

4. 你认为你校绩效工资的发放是否合理？是　否

5. 你认为你校绩效工资的发放你是否真正提高了待遇？是　否

6. 你认为你校绩效工资的发放是否取得了实效？是　否

7. 你认为你校绩效工资的发放是否有利于理论教学？是　否

8. 你认为你校绩效工资的发放是否导向于实践教学？是　否

9. 你认为你校绩效工资的发放是否导向于一线教师？是　否

10. 你认为你校绩效工资的发放是否有利于教授治学？是　否

11. 你认为你校绩效工资的发放是否有利于培养学术带头人？是　否

12. 你认为你校绩效工资的发放是否有利于打造团队？是　否

13. 你认为你校绩效工资的发放是否有利于应用型人才培养？是　否

14. 你认为你校绩效工资的发放是否有利于产学研结合？是　否

15. 你认为你校绩效工资的发放是否有利于学术规范的培养？是　否

16. 你认为你校绩效工资的发放应该关注论著还是科研项目？全部　否

17. 你认为你校绩效工资的发放应该关注纵向课题还是横向课题？全部　否

在调查问卷设计之后，我们组织实施了问卷调查。2013 年 4 月 13 日到 4 月 19 日，山西省高校教师资格认证的测试工作完成，在此期间，在山西省高校教师资格认证中心的帮助下，我们向 50 位参与认证评委中的 37 位评委发放并回收了问卷，以期收集专家们对高校绩效工资改革及其实施效果的看法。

8.2.2 问卷调查结果分析

经过对 37 份回收问卷的统计，列表 8-2 如下。其中，第 16 和第 17 两个选择题出现非是否选择，选择份数参见问题后面附录的数据。

表 8-2　山西高校绩效工资改革及其实效调查统计数据

问　题	是	否	是	否
你对你校绩效工资的发放总体上是否满意？	19	18	51%	49%
你认为你校绩效工资的发放是否能够起到激励教师的作用？	18	19	49%	51%
你认为你校绩效工资的发放是否能够起到约束教师的作用？	23	14	62%	38%
你认为你校绩效工资的发放是否合理？	14	23	38%	62%
你认为你校绩效工资的发放你是否真正提高了待遇？	15	22	41%	59%
你认为你校绩效工资的发放是否取得了实效？	11	26	30%	70%
你认为你校绩效工资的发放是否有利于理论教学？	11	26	30%	70%
你认为你校绩效工资的发放是否导向于实践教学？	6	31	16%	84%
你认为你校绩效工资的发放是否导向于一线教师？	10	27	27%	73%
你认为你校绩效工资的发放是否有利于教授治学？	10	27	27%	73%
你认为你校绩效工资的发放是否有利于培养学术带头人？	14	23	38%	62%
你认为你校绩效工资的发放是否有利于打造团队？	10	27	27%	73%
你认为你校绩效工资的发放是否有利于应用型人才培养？	7	30	19%	81%
你认为你校绩效工资的发放是否有利于产学研结合？	10	27	27%	73%
你认为你校绩效工资的发放是否有利于学术规范的培养？	14	23	38%	62%
你认为你校绩效工资的发放应该关注论著（4）还是科研项目（8）？	36	1	97%	3%
你认为你校绩效工资的发放应该关注纵向课题（8）还是横向课题（3）？	29	7	78%	22%

（1）你对你校绩效工资的发放总体上是否满意

关于对高校绩效工资的发放总体上是否满意，51%的问卷选择了满意，49%的问卷选择了不满意，表明山西省高校绩效工资的发放总体上教师是感觉一般的，还存在很多问题。这一方面与山西省高校绩效工资改革处于初级阶段比较相关，但是可能更多地与绩效工资改革方案存在较大的相关度。

(2) 你认为你校绩效工资的发放是否能够起到激励教师的作用

关于绩效工资的发放是否能够起到激励教师的作用，49％的问卷选择了是，51％的问卷选择了否，表明山西省高校绩效工资的发放在激励教师方面存在比较大的问题，如果绩效工资没有能够从根本上起到激励教师的作用，那么就失去了绩效工资发放的意义。

(3) 你认为你校绩效工资的发放是否能够起到约束教师的作用

关于绩效工资的发放是否能够起到约束教师的作用，62％的问卷选择了是，38％的问卷选择了否，这个比例关系与激励问题的选择相比较，选择是的问卷比较多了，表明陕西高校绩效工资的发放激励作用没有很好地发挥，而约束作用发挥得却比较大，可能这也是教师对绩效工资总体上不满意的一个原因。

(4) 你认为你校绩效工资的发放是否合理

关于绩效工资的发放是否合理，38％的问卷选择了是，62％的问卷选择了否，表明超过半数的教师认为绩效工资发放不够合理，这可能也是教师对绩效工资总体上不满意的一个原因。

(5) 你认为你校绩效工资的发放你是否真正提高了待遇

关于绩效工资的发放你是否真正提高了待遇，41％的问卷选择了是，59％的问卷选择了否，表明只有接近半数的教师认为真正提高了待遇，所以，待遇没有真正提高，可能也是教师对绩效工资总体上不满意的一个原因。

(6) 你认为你校绩效工资的发放是否取得了实效

关于绩效工资的发放是否取得了实效，30％的问卷选择了是，70％的问卷选择了否，三分之二的教师认为绩效工资的发放没有取得实效，因此，没有取得实效可能也是教师对绩效工资总体上不满意的一个原因。

(7) 你认为你校绩效工资的发放是否有利于理论教学

关于绩效工资的发放是否有利于理论教学，30％的问卷选择了是，70％的问卷选择了否，三分之二的教师认为绩效工资的发放不利于理论教学，可能因为绩效工资改革的标准更多地指向了科学研究。

（8）你认为你校绩效工资的发放是否导向于实践教学

关于绩效工资的发放是否导向于实践教学，16％的问卷选择了是，84％的问卷选择了否，表明大部分教师认为绩效工资的发放没有导向于实践教学，究其原因，可能依然与绩效工资改革的标准更多地指向了科学研究相关。

（9）你认为你校绩效工资的发放是否导向于一线教师

关于绩效工资的发放是否导向于一线教师，27％的问卷选择了是，73％的问卷选择了否，表明大部分教师认为绩效工资的发放没有导向于一线教师，而是更多地导向了行政管理干部，这可能也是教师对绩效工资总体上不满意的一个原因。

（10）你认为你校绩效工资的发放是否有利于教授治学

关于绩效工资的发放是否有利于教授治学，27％的问卷选择了是，73％的问卷选择了否，表明大部分教师认为绩效工资的发放不利于教授治学。由于大部分教师认为绩效工资的发放没有导向于一线教师，所以不利于教授治学是必然的。

（11）你认为你校绩效工资的发放是否有利于培养学术带头人

关于绩效工资的发放是否有利于培养学术带头人，38％的问卷选择了是，62％的问卷选择了否，表明大部分教师认为绩效工资的发放不利于培养学术带头人，可能绩效工资的发放对学术带头人的激励作用没有发挥出来。

（12）你认为你校绩效工资的发放是否有利于打造团队

关于绩效工资的发放是否有利于打造团队，27％的问卷选择了是，73％的问卷选择了否，表明大部分教师认为校绩效工资的发放不有利于打造团队，更为关注教师个人的科学研究。

（13）你认为你校绩效工资的发放是否有利于应用型人才培养

关于绩效工资的发放是否有利于应用型人才培养，19％的问卷选择了是，81％的问卷选择了否，表明大部分教师认为绩效工资的发放不利于应用型人才培养，可能更为关注理论研究，这与不利于实践教学有较大的相关度。

（14）你认为你校绩效工资的发放是否有利于产学研结合

关于绩效工资的发放是否有利于产学研结合，27％的问卷选择了是，

73%的问卷选择了否，表明大部分教师认为绩效工资的发放不利于产学研结合，可能更为关注教师个人的科学研究，而不是教学和生产实践。

（15）你认为你校绩效工资的发放是否有利于学术规范的培养

关于绩效工资的发放是否有利于学术规范的培养，38%的问卷选择了是，62%的问卷选择了否，表明超过半数的教师认为绩效工资的发放不有利于学术规范的培养，在定期要出定量科研成果的导向下，教师可能容易无视学术规范去为了绩效而达到绩效。

（16）你认为你校绩效工资的发放应该关注论著还是科研项目

关于绩效工资的发放应该关注论著还是科研项目，97%的问卷选择了应该关注二者，3%的问卷选择了不应该关注论著与科研项目，其中，选择关注论著的有4个问卷，选择关注科研项目的有8个问卷，表明大部分教师虽然觉得绩效工资发放存在较大的问题，但是还是基本上认可应该关注研成果与科研项目的，作为应用性研究，科研项目的重要性应该比发表论文要大。

（17）你认为你校绩效工资的发放应该关注纵向课题还是横向课题

关于绩效工资的发放应该关注纵向课题还是横向课题，78%的问卷选择了应该关注二者，22%的问卷选择了不应该关注二者，其中，8个问卷选择了关注纵向课题，3个问卷选择了关注横向课题，表明大部分教师认为课题的重要性比较大，纵向课题的重要性要大于横向课题。这与前面得出绩效工资发放不关注实践教学、不关注应用型人才培养、不注重产学研结合有一定的差异，因为横向课题更能彰显实践教学、应用型人才培养和产学研结合。

8.2.3 结论

从一开始设计调查问卷的时候，我们已经从本校绩效工资改革的实践和山西省其他高校绩效工资改革的实践发现一些问题，这些问题集中在如下方面。

第一，是理论重要还是实践重要？是教学重要还是科研重要？一个教师的绩效考评是不是必须要用科学研究成果来考评？

第二，仅仅用科学研究成果是不是已经可以考评一个教师的全部绩效？是不是已经更能够与国家高等教育中长期规划导向的应用型、产学研相一致了？

第三，如果教师的绩效必须用科研成果来考评，那么，行政管理干部的绩效又用什么来考评？目前各个高校对行政管理干部的绩效用所谓“德、能、勤、绩”测评来替代，这种测评实质并不是基于绩效的而是基于人际关系的，为了测评得分较高，有的行政管理干部甚至不愿意坚持原则去得罪人，工作重心不在工作上而在怎么处理好人际关系上。在这种情况下，行政管理干部的绩效工资还要高于一线教师，是否公平公正？

第四，没有实施绩效工资改革之前，山西有的高校是对行政管理干部有年龄限制的，到了一定年龄就要离职，而实施绩效工资之后反而无法离职了，因为离职之后无法享受到相应行政级别的绩效工资，这是去行政化程度高了还是低了？

第五，一线教师的绩效工资相对于行政管理干部来说比较低，还要完成绩效规定的科学研究任务，为了完成任务，教师会不会更加不把学术规范放在眼里？

通过对问卷结果的分析，我们可以得出如下结论：

1）总体上教师对各个高校的绩效工资发放是不满意的，因为山西省各个高校的绩效工资发放时间不长，本身还处于试验阶段，处于初级阶段，存在一定的问题是必然的，随着发放时间的延长，各种问题都可能彰显出来，再逐渐改善。

2）教师对高校绩效工资发放的不满意主要集中在几个方面：

第一，过度关注科学研究而忽视教学。基本上所有高校的所有绩效都指向了科学研究，导致教师都把科学研究当做自己的首要任务，而忽视了人才培养才是教师的首要任务。

第二，为了完成绩效规定的科研成果，有的教师从学术规范走向了学术不规范，有的教师把长期研究变成了短期行为，有的教师则干脆进了非专业研究的课题组，长此以往，科学研究将失去本真。

第三，科学研究成果多是理论性研究，如论著，能够发挥的作用比较小，应用性较差，不利于应用型人才培养。纵向课题研究多于横向课题研究，不利于产学研结合。教师个人成果结算不利于团队打造和学科带头人的培养。这些问题都与国家高等教育中长期发展规划的导向存在一定的差异性。

第四，行政管理干部的绩效工资水平高于一线教师，即使是看起来一线教师的比较高，实际综合结算下来也是行政管理干部的绩效工资水平比较高，这让一线教师的心理不平衡。因为，行政管理干部具有可替代性，这个处长能干的事情换一个行政管理干部一样能干，而一线教师的工作相对而言具有不可替代性，他们的绩效用科研成果来表征了，可是行政管理干部的绩效却不能用某个成果来表征。本应该一线教师的绩效工资高，结果行政管理干部的绩效工资却高于他们，导致一线教师对绩效工资的发放存在质疑。

第五，高等教育的去行政化政策规定很久，越是规定，行政化程度越高，不仅行政管理干部的绩效工资高于一线教师，而且由于绩效工资的改革与行政级别挂钩，原来高校的行政管理干部在该年龄到了之后还会离职，现在离职的可能性也没有了，因为一旦离职就无法享受到相应的绩效工资，所以绩效工资发放直接影响到了行政化的程度，令高校教师的满意程度降低。

9 山西省高校科技政策体系建设措施研究

9.1 基于契约的高校教师绩效评价原则

基于契约的高校教师绩效评价，应该遵循下列原则：

（1）导向性原则

导向性原则，就是应该站在高等教育发展的战略高度，从政策上体现导向，与国家关于高等教育发展的中长期规划相一致，关注实践，关注应用，关注服务地方经济，改变了为单纯的教学和科研专项服务，从而从根本上解决了就业难的问题。目前山西省高校绩效工资改革，过多关注了纵向课题和论文发表，对于横向课题的重视程度不足，甚至都没有较好地体现横向课题的价值。在太原理工大学和太原科技大学的绩效工资改革制度里面，必备条件完全没有横向课题一说，可选条件那么多，也只有一条与横向课题相关。

（2）团体性原则

目前山西省高校绩效工资改革，基本上都是针对个人的科研成果而言的，没有考核团队，因而个人与团队的关系没有体现出来。实际上，个人是放在团队里面发展的，一个优秀的教授不仅应该发展个人，更应该带动团队发展，把培养年轻教师和研究生作为自己的学术任务。考核个人的结果往往造成教师把学生的科研成果占为已有，年轻教师和学生会怎么发展，有什么成果，跟他们的关联性不大。

（3）师德为先原则

绩效工资应该是教师全面素质的反映，教师素质一个不可避免的问题就是师德。师德的含义不仅仅表征教师的道德规范，更表征教师的学术规范，目前的教师在这两个方面的表现已经引起了社会的广泛关注，教师自己都不能约束自己的行为，又怎么能为人师表，培养出优秀的、合格的学生。因此，高校绩效工资改革，不仅仅局限在教学和科研这样可操作性比较强的指标上的奖励，更应该关注教师师德违背的惩罚指标，让教师在师德失范之前，先估计到惩罚的后果。

(4) 长效性原则

在公司治理层面，常常会出现这样的问题：经营者由于经营周期的限制，急于出成绩，就忽略公司的战略性发展和长期性规划，产生短视行为，追求怎么在自己的任期内尽快见效益。这样，科学研究这样周期长的行为经营者是不会关注的，结果导致公司自主研发的知识产权非常少见，因为科学研究耗时周期长，搞投入还容易失败，见不到任何产出。科技政策的长效性就像公司治理一样，如果缺乏长效性原则，短期就要见到效益，不利于学科建设和研究方向的凝练，更不利于学术规范的遵守。

(5) 惩罚性原则

在高校教师绩效考评实施方案的建设当中，多从教师个人的视角出发进行考核，实施方案实际上已经是对教师个人的一个契约，只不过这个契约没有规定不能正常履行契约，将受到什么惩罚。如果站在团队角度来看，这个契约还不足以体现团队应该完成什么任务，如果完成不了，又应该受到什么惩罚。奖励与惩罚天生应该联结在一起，不能只奖励不惩罚，那样教师如果不在于奖励，就可以站在原地踏步。有了惩罚措施，教师为了避免惩罚，就会自觉朝向奖励方向努力。

9.2 具体措施

1）建立山西高校科技政策体系。山西高校科技政策目前还没有形成完整的体系，真正制定并且落实的只有科技奖励政策和科技人才引进政策，还需要进一步制定投融资政策、人才培养政策、产学研结合政策、科技产业化政策、科技国际合作交流政策等。

2）从宏观方面制定政策，与政府科技政策具有一致性、与山西地方经济发展相一致，以对山西经济发展贡献为出发点，制定并落实政策。而不是闭门造车，关注理论性研究，如论著和纵向课题研究，多鼓励并奖励横向课题研究，把产学研结合放在重要位置上。

3）在结合高校自身学科建设和人才队伍的具体情况基础上，与国家高等教育中长期发展规划的导向相一致，作好科技政策的规划，关注实效，关注团队打造和学科带头人的培养，鼓励产业化、导向于鼓励服务地方经济。

4）加强高校科技管理工作，打造好一个良好的科研氛围，构筑一个良好的学术文化氛围，并加大对科研的支持力度，指导部门和教师在学术规范约束下，从事科学研究活动。

5）综合山西省各个高校的科研实力，争取政府和社会力量的投入，真正发挥大学科技园的作用，在产学研结合、产业化发展、服务地方经济方面取得实效，集产业、营销、品牌打造于一体。

6）把去行政化落在实处，把教师的待遇放在第一位，从制度入手，让教授发挥作用，实现教授治学的效果。目前的科技政策制定者和实施者都是行政管理部门，教授处于被动接受的地位。教授不参与管理活动，就没有发言权，积极性就调动不起来。

参考文献

[1] 陈冬梅，李国杰．基于提高教职工幸福指数的高校绩效工资研究［J］．教育与职业，2013（2）．

[2] 陈海英．地方高校科技创新政策环境的若干思考［J］．长春工业大学学报（高教研究版），2004（2）．

[3] 陈霞玲．科技政策比较研究——中美比较的视野［D］．天津工业大学硕士学位论文，2010．

[4] 程华．科技资助促进企业 R&D 研究［J］．科研管理，2005，26（4）

[5] 成良斌．论科技政策的本质和目的［J］．科技管理研究，2002（ 4）．

[6] 董娟．日本科技人才培养政策与企业实践［J］．中国资源开发，2008（9）．

[7] 董文琦，岳增良．以创新团队为导向的科技创新管理体系浅析［J］．农业科技管理，2012（3）．

[8] 方建中，邹红．集群导向的科技园区发展：逻辑、演化与路径［J］．江海学刊，2010（6）79-83．

[9] 顾光明．美国培养科技创新人才的经验及启示［J］．全球科技瞭望，2007（ 11）．

[10] 官鸿．新导向下的福建科技成果转化研究［J］．大众科技，2012（11）．

[11] 国家科学技术委员会．中国科学技术政策指南［M］．北京：科学技术文献出版社，1998．

[12] 胡昌军，胡昌标．高校学术论文奖励政策的误区及其对策［J］．医学与哲学，2005（11）．

[13] 匡建斌．政府为主导市场为导向企业为主体："三位一体"促进科技成果转化［J］．科技论坛，2012（11）．

[14] 韩霁．市场导向推动企业科技进步［N］．经济日报，2012-04-13．

[15] 韩健．科技成果转化应坚持市场导向［N］．科技日报，2010-09-10．

[16] 胡春等．日本特殊的科技演变［J］．商场现代化，2009（4）．

[17] 胡乐乐．绩效工资应向一线教师倾斜［N］．光明日报，2013-03-25．

[18] 黄荣光．日本的科学技术法制体系简述［J］．科学文化评论，2010（3）．

[19] 赖流滨等．以市场为导向加速科技成果转化［J］．价值工程，2012（2）：282．

[20] 李春花．韩国“技术立国”阶段性调整与连续性特征［J］．社会科学辑刊，2009（2）．
[21] 李文涛．大学教师绩效考评研究［D］．暨南大学硕士学位论文，2009.
[22] 黎学平．美国高校的教师制度［J］．杭州师范学院学报，1998（2）．
[23] 梁爱华．对中国特色大学绩效工资的剖析［J］．现代教育科学，2013（2）．
[24] 梁爱华．英联邦五国大学教师的薪酬水平及福利情况［J］．世界教育信息，2010（11）．
[25] 林勋亮，徐辉．科技成果转化导向的企业知识创新能力模糊测度研究［J］．苏州大学学报（工科版），2011（2）．
[26] 刘斌，王春富，刘家顺等．政策科学研究（第1卷）［M］．北京：人民出版社，2000.
[27] 刘国忠，颜新亚．论科技管理政策对高校科技工作发展的影响［J］．成都理工大学学报（自然科学版），2003（增刊）．
[28] 刘练军．绩效工资改革不应喧宾夺主［N］．法制日报，2013-04-3．
[29] 刘淑杰，周晓红．国外教师绩效工资实施效果评价的研究进展及其启示［J］．外国教育研究，2013（4）．
[30] 刘永林，傅正华，刘泽政．美日韩三国科技政策的演变及对我国的启示［J］．科技管理研究，2013（2）．
[31] 马卫平．高校教师绩效考评体系的构建［J］．商，2013（1）：263.
[32] 米慧蓉．长三角城市科技创新政策体系的演变历程——以常州市为例［J］．价值工程，2011（5）．
[33] 南京氨法脱硫仪表的博客，http：//blog. sina. com. cn/s/blog_ 649886d60100qevj. html.
[34] 牛盼强，谢富纪．韩国建设创新型国家的特色及其对我国的启示［J］．科技管理研究，2009（1）．
[35] 杞人．广东科技奖励导向鲜明呈五大亮点［N］．科技日报，2013-02-22.
[36] 日本总务省统计局．历年《科学技术研究调查》，http：//www. state. gov. jp/data/kagaku/2007/index. htm.
[37] 沈旺等．科技政策与产业政策比较分析及配套对策研究［J］．工业技术经济，2013（1）．
[38] 宋莹等．高校岗位绩效工资制度改革的分析［J］．技术与创新管理，2013（2）：165.
[39] 冯宏岩．绩效工资，高校收入分配制度改革的进一步深化［J］．商，2013（1）：52.
[40] 苏利川．科技部长万钢强调：技术创新必须更加注重市场导向［N］．中华工商时报，2013-03-08.
[41] 苏宁．双效“双爱”期刊：办刊人的最高要求［J］．编辑学报，2005，3（2）．

[42] 孙玉涛，刘凤朝．我国科技政策向创新政策演变的过程、趋势与建议——基于我国289项创新政策的实证分析［J］．中国软科学，2007（5）．
[43] 太原理工大学科技处，http：//www. tyut. edu. cn/kejichu/details_ kyyc. asp？articleid=4.
[44] 唐立山．地方高校科技创新政策环境的动态趋向［J］．吉林师范大学学报（自然科学版），2006（2）．
[45] 王德广，刘望洲，韩国梅．关于建立科学的教师绩效考评机制的研究——以湖北省15所高校为例［J］．三峡论坛，2010（6）94-96.
[46] 王慧兰，李云庆，代俊秋．高校科技论文奖励政策存在的问题及对策分析［J］．辽宁工程技术大学学报（社会科学版），2009（4）．
[47] 王天宇．当前高校教师绩效考评中的问题及对策［J］．宁波教育学院学报，2009（4）．
[48] 王育楠．武汉纺织大学科技园以产业化为导向［N］．中国纺织报，2013-03-01.
[49] 吴家喜等．领先市场导向的科技资源配置方式［J］．中国科技论坛，2010（9）．
[50] 吴家喜，吴贵生．领先市场：分析国家竞争优势的新视角［J］．科学学与科学技术管理，2006（6）．
[51] 吴俊清．中西部工科院校学科建设绩效评价研究［M］．北京：知识产权出版社，2012.
[52] 吴莲姬．韩国人才培养政策及管理体制研究［J］．当代韩国，2004（3）．
[53] 吴天松，文亚峰，夏银燕．促进高校发展的科技政策及管理办法研究［J］．科研管理，2002（5）．
[54] 谢梅，罗永梅．民生科技发展导向的成都高校科技成果转化路径与对策［J］．电子科技大学学报（社科版），2012（1）．
[55] 行龙．http：//baike. baidu. com/link？url=m1KZg7BY9q2Z6 WWDLOGQUZJGdbQ8 XrigwunJ69T65U0COuXbs1ZyHC7WMj8GLR1_ .
[56] 徐芳等．基于知识创新过程的科技政策方法论研究［J］．科学学研究，2013（4）．
[57] 杨存荣．香港高校人事管理考察［J］．清华大学教育研究，2000（1）．
[58] 杨华祥，杨启兵．美、德高校教师流动机制比较研究［J］．比较教育研究，2008（5）．
[59] 尹碧兰，张寒．高校绩效工资制度改革的新趋势——基于中国矿业大学岗位津贴制度的个案分析［J］．煤炭高等教育，2006，24（6）．
[60] 游小欢，陈兴明．当代教育论坛．学科教育研究［J］．2010（10）．
[61] 余维运．韩国科普政策体系及其演变［J］．才智，2010（13）：27-30.
[62] 中国高校校办产业协会．高校科技产业的理论与实践［M］．南京：南京大学出版社，1999.

[63] 周瑞超. 广西高校科技与地方互动发展的政策选择 [J]. 广西经济干部管理学院学报, 2006 (4).

[64] 张东明. 韩国产业政策研究 [M]. 北京: 经济日报出版社, 2002.

[65] 张华胜等. 美国政府科技政策及其对经济的影响 [J]. 中国科技论坛, 2009 (3).

[66] 张孟军. 必须让企业成为技术创新主体讲实效、重人才的美国科技创新政策 [J]. 科技成果纵横, 2006 (1).

[67] 张楠等. 现行科技政策体系与 ICT 自主创新企业反馈研究 [J]. 中国软科学, 2010 (3).

[68] 张善勤. ZF 学院教师绩效考评研究 [D]. 大连海事大学硕士学位论文, 2011.

[69] 张万彬, 罗海山. 促进高校科技成果转化的立法及管理政策研究 [J]. 海南金融, 2008 (9).

[70] 张笑. 长株潭两型社会科技政策体系的构建研究 [D]. 湖南大学硕士学位论文, 2009.

[71] 张永凯, 陈润羊. 世界科技强国科技政策的趋同趋势及我国的应对策略 [J]. 科技进步与对策, 2013 (2).

[72] 张正严, 李侠. "基于证据"——科技政策制定的新趋势, 科学管理研究, 2013 (1).

[73] 张永安, 李晨光. 基于 Wilks 判别式分析的集群创新科技政策分类测度研究: 以中关村为例 [J]. 情报杂志, 2013 (4): 194.

[74] 郑永进. 高校教师绩效考评失调问题研究 [J]. 职教通信, 2011 (12).

[75] Chamberlin, R., Wragg, T., Haynes, G. & Wragg, C.. Performance-related pay and the teaching profession: a review of the literature [J]. Research Papers in Education, 2002, 17 (1): 31-49.

[76] [EB/OL]. Http: //www. chinanews. com. cn/gj/gjywdd/news/2009/10-08/1899743. shtml.

[77] Eric R. Schulz, Denise Marie Tanguary. Merit pay in public higher education: questions of impact and attitudes [J]. Public Personnel management, 2006 (1): 71-88.

[78] Evidence. [DB/OL]. Http: //en. wikipedia. org/wiki/Evidence. 2012-02-13.

[79] JOHN, JANKOWSKI. New NSF survey finds six states ac - countfornearly half of stateagencies´ R&D expenditures [EB/OL]. http: / /www. nsf. gov /statistics /infbrief / nsf08309 /, 2008 - 05 -08.

[80] Kobakhidze, M. N.. Teacher incentives and the future of merit-based pay in Georgia [J]. European Education, 2010, 42 (3): 68-89.

[81] Lavy, V.. Using performance-based pay to improve the quality of teachers [J]. The Future of Children, 2007, 17 (1): 87-109.

[82] Louise Shaxson (2009), Michael Harrison, Molly Morgen. Developing an evidengce - based approach to environmental policy making: insights from Defra' s Evidence & Innovation Strategy [DB/OL]. Http: //www. sussex. ac. uk/webteam/gateway/file. php? name=sewp181&site=25. 2012-02-13.

[83] Neal, JohnE. Faeulty Evaluation: It spur Poses and Effeetiveness. ERICD igest. ERIC-RIEO, 19880101database: ERIC.

[84] Podgursky, M. & Springer, M.. Teacher compensation systems in the United States K-12 public school system [J]. National Tax Journal, 2011, 64 (1): 165-192.

[85] Review System for merit salary Increase and Onetime merit Award [EP/OL]. http//www. ust. hk/ ~ webaa/Academic Personnel/Ap_ Manual/PDF/AP25_ O. pdf. 2008-11-09.

[86] Rivkin, S., Hanushek, E., Kain, J.. Teachers, schools, and academic achievement [J]. Econometrica, 2005 (73): 417-458.

[87] West, K. L., Mykerezi, E.. Teachers′ unions and compensation: The impact of collective bargaining on salary schedules and performance pay schemes [J]. Economics of Education Review, 2011 (30): 99-108.